FALKEN
FARBIG

Birte Pröttel

Stoff- und Kuscheltiere

stricken, häkeln, nähen

FALKEN VERLAG

Wir bedanken uns bei den Firmen Phildar, Schoeller, Esslinger, Inox und Knorr für ihre Unterstützung und die Bereitstellung von Arbeitsmaterialien und Modellen.
26 Entwürfe und Modelle sind von der Autorin.

CIP-Kurztitelaufnahme der Deutschen Bibliothek

Pröttel, Birte:
Stoff- und Kuscheltiere stricken, häkeln, nähen / von Birte Pröttel.
Niedernhausen/Ts. : Falken-Verlag, 1979
(Falken farbig)
ISBN 3-8068-5090-9

ISBN 3 8068 5090 9

Fotos: Pröttel, Phildar, Schoeller
Schnittmusterzeichnungen: Arnim Ruchholtz
Zeichnungen der Techniken: Christine Booz-Decker
Satz: H. G. Gachet & Co., 6070 Langen
Druck: Oscar Brandstetter Druckerei KG, Wiesbaden

817 2635 4453 62

Inhalt

Der Schmuse-Zoo

Kuscheltiere zum Spielen, Liebhaben, Schmusen und Einschlafen sind der Wunsch eines jeden Kindes. Es können gar nicht genug liebenswerte Gefährten sein, die abends noch mit ins Bett müssen und tagsüber die Kleinen und auch schon Großen ständig begleiten. Schön weich und knautschig sollen sie sein, manche handlich zum Herumtragen und andere zum Daraufsetzen.

Es macht einfach Spaß, sich in diesem Buch immer wieder aufs Neue Anregungen zu holen und die vielen begeisternden Tiere nachzuarbeiten. Ein ganzer Zoo ist da gestrickt, gehäkelt und genäht worden: Dumbo, der Handelefant; Glucky, der Kugelfisch; Schweinchen Ringelschwanz; Chrötli, die Schildkröte; Otto, die Schlange; Wuff, der Zottelhund; Pony, das Steckenpferd; Löwe Leopold; das Nilpferd Nuff-Nuff; das Zebra Black and White; ein einsames Piep-Hühnchen; Brummi, der Plüschteddy; Kater Schnurrdiburr; das Schmusekätzchen Musch; Butterfly, der Schmetterling; Leu, der Kuschellöwe; Quax, der Frosch; Maja, die flotte Biene und ein Häschen mit Geheimfach sind da zu finden. Vom Nil sind ein großes und kleines Krokodil zu Besuch gekommen, die Familie Maus hat sich im Käseregal niedergelassen, Knuddel, der Kissenhund, sitzt keck auf dem Sofa, ein Schäfchen hat sich als Schlafdecke ausgebreitet und, und, und . . .

Für jeden Geschmack ist etwas dabei. Das Handarbeiten setzt keine große Übung voraus; detaillierte Beschreibungen und genaue Schnittmusterzeichnungen lassen die Modelle auf Anhieb gelingen. Denken Sie daran, Knöpfe und ähnliches sehr fest anzunähen, damit das Baby sie nicht abreißen und verschlucken kann. Ebenso sollten verwendete Drähte für einen Schwanz oder Ohren sicher verankert und wegen der möglichen Verletzungsgefahr ausreichend umwickelt werden.

Es geht ganz leicht

Wenn Sie noch wenig Erfahrung im Nähen, Stricken oder Häkeln haben, dann beginnen Sie zunächst mit einfacheren Tieren. Die gestrickten und gehäkelten sind vielleicht am leichtesten nachzuarbeiten. Und damit Sie auch bei den genähten Kuscheltieren keine Schwierigkeiten haben, wird hier als Beispiel detailliert gezeigt, wie ein kleiner Bär entsteht. Im Prinzip fertigen Sie dann alle anderen Tiere in gleicher Weise.
Für den Anfänger bildet das Übertragen des Schnittmusters in die Originalgröße die erste Klippe. Wenn Sie folgendes beachten, geht's aber ganz leicht.

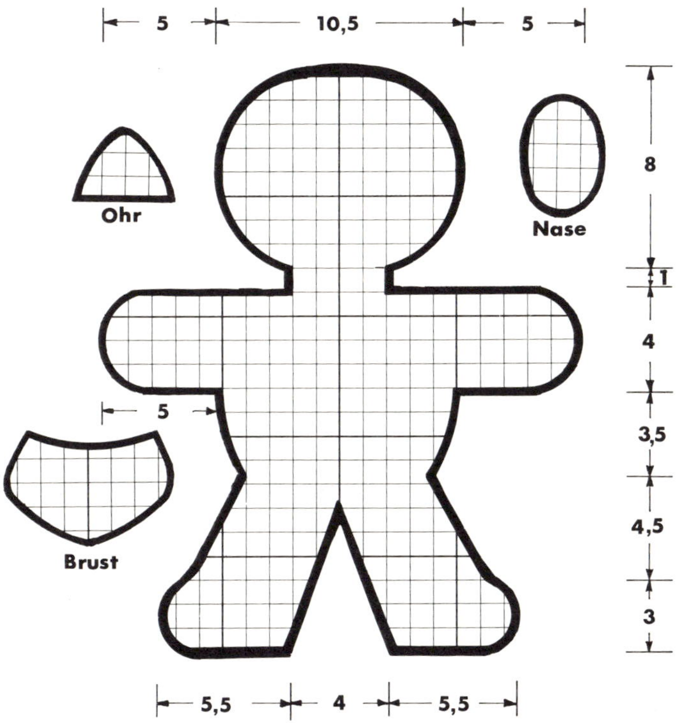

Besorgen Sie sich Millimeterpapier oder kariertes Papier, dessen Karos 1 cm im Quadrat messen, die dicker gedruckten Karos sind dann meist 10 cm im Quadrat. Die Schnittmuster in diesem Buch sind fast alle auf einen Karogrund gezeichnet, und wenn nicht anders angegeben, entspricht ein Karo = 1 cm². Die Zahlen zwischen den Pfeilen sind die Größenangaben in cm.
Sehen Sie sich nun auf dem Schnittschema an, wo die Konturen der Figurteile auf die Karolinien des Untergrunds treffen. Übertragen Sie diese Punkte auf Ihr Karopapier (Bild 1a). So erhalten Sie punktförmig die Umrisse des Schnitteils. Die Punkte werden nun mit einem Stift verbunden. Bei Kurven und Bögen können Sie ein Kurvenlineal oder einen Zirkel zu Hilfe nehmen. Der ausgeschnittene Papierschnitt wird auf den Stoff gelegt und dieser, wenn nicht anders angegeben, mit einer Nahtzugabe von etwa 1 cm (bei großen Tieren auch mehr) zugeschnitten (Bild 1b).
Jetzt legt man die Stoffteile mit ihren rechten Seiten aufeinander, reiht sie mit groben Stichen entlang der mit Schneiderkreide eingezeich-

◄ 1a

▲ 1b

neten Naht zusammen und steppt mit der Nähmaschine ab. Lassen Sie eine Öffnung, die groß genug ist, das Teil zu wenden und mit Füllmaterial auszustopfen (Bild 1c). Vor dem Wenden schneidet man zweckmäßigerweise in den spitzen Ecken und Rundungen die Nahtzugaben von der Außenkante her etwas ein, so zeigt sich die Naht an diesen Stellen nachher auf der rechten Seite ohne Wellen.
Nun wird die Naht mit Handstichen geschlossen, die Körperteile zusammengesetzt, soweit es sich um Modelle mit mehreren Teilen handelt. Bei unserem Bärchen wurden die nach rechts gewendeten Ohren beim Zusammennähen des Kopfes zwischengefaßt. Die Filzapplikationen steckt man mit Stecknadeln schnittgemäß auf und befestigt sie mit Schürzstichen aus blauem Perlgarn (Bild 1d).
Zum Schluß werden die Knopfaugen aufgenäht.

Und jetzt noch die Materialangaben und das Schnittmuster für das Bärchen: 25 x 40 cm Frotteestoff, ein Rest Bastelfilz etwa 8 x 8 cm in passender Farbe, 2 Knöpfe, Perlgarn zum Sticken und Füllwatte.

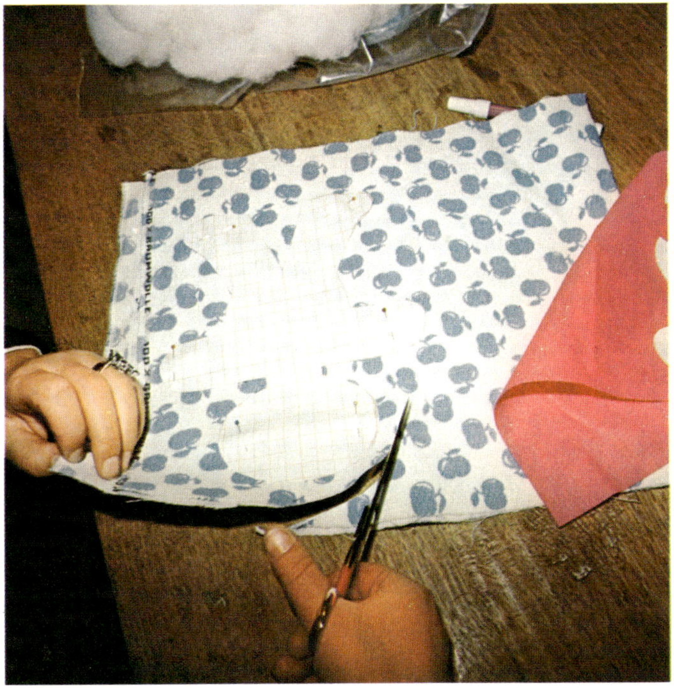

1c ▲

1d ▶

Fachworterklärungen und Symbole

Abketten

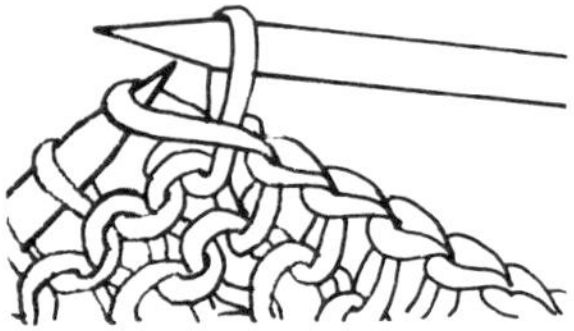

Die beiden ersten Maschen stricken, die erste Masche über die zweite ziehen, die dritte Masche stricken und die zweite über die dritte ziehen, usw. bis nur noch eine Masche auf der Nadel ist. Jetzt den Arbeitsfaden abschneiden und durch die letzte Masche ziehen.

Abnehmen beim Häkeln

Lediglich eine Masche der Vorreihe übergehen.

Abnehmen beim Stricken

Zwei nebeneinanderliegende Maschen wie eine einzige Masche zusammenstricken.

Feste Masche |

Die Nadel in beide oder ein Maschenglied der unteren Reihe von vorne nach hinten einstechen, den Faden auf die Nadel holen, den Faden durchziehen, einen weiteren Fadenumschlag durch die beiden auf der Nadel befindlichen Schlingen ziehen.

Fransen anknüpfen

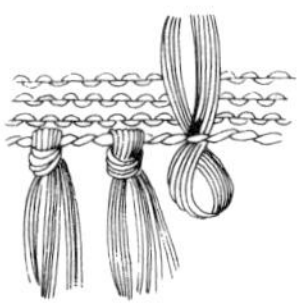

Fäden in doppelter Länge der fertigen Fransen schneiden, auf die Hälfte legen. Mit einer dicken Häkelnadel durch den Rand der Handarbeit stechen und die Schlinge der Fransen durchholen. Den frei hängenden Teil der Fransen durch die Schlaufe ziehen und fest anziehen.

Hohlstich

Dieser Stich wird zur Saumbefestigung angewendet. Man faßt von der Rückseite mit der Nähnadel nur ein oder zwei Stoffäden, so daß der Stich von der rechten Seite nicht zu sehen ist.

Kettenstich

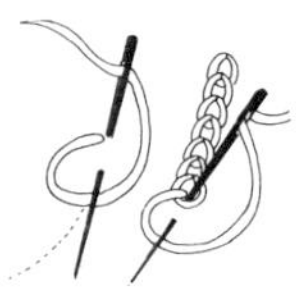

Von unten nach oben durch den Stoff ausstechen, den Faden zu einer kleinen Schlinge legen, neben dem Ausstich wieder einstechen, auf der Rückseite ein paar Stoffäden vorgehen und wieder ausstechen, so daß die Schlinge gefaßt wird.

Kettmasche ⌒

Die Nadel von vorne nach hinten durch ein Glied der letzten Reihe stechen, den Faden durch dieses Glied und die auf der Nadel befindlichen Schlinge ziehen.

Krebsmasche

Krebsmaschen eignen sich für feste Kantenabschlüsse. Es wird von links nach rechts gearbeitet. Mit der Häkelnadel die beiden Maschenglieder der Vorreihe auffassen, den Faden durchholen und die beiden auf der Nadel liegenden Schlingen mit einem Umschlag abmaschen.

Kreuzstich

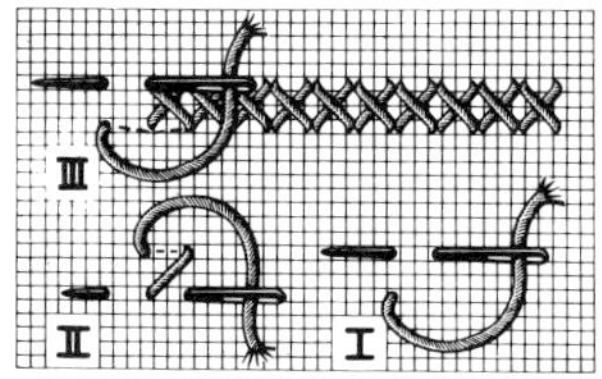

Der Kreuzstich setzt sich aus einem schrägen Unterstich und einem entgegengesetzten Deck- oder Oberstich zusammen. Alle Deckstiche sollen in eine Richtung zeigen. Werden mehrere Kreuzstiche nebeneinander gearbeitet, dann stickt man zunächst alle Unterstiche und dann vorwärtsgehend alle Oberstiche.

Doppelter Kreuzstich ✳

Über den normalen Kreuzstich einen weiteren über die Schnittstellen des ersten sticken.

Luftmasche o

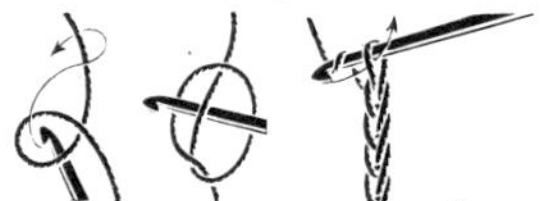

Anfangsschlinge herstellen, wie die Abbildung es zeigt, den vom linken Zeigefinger kommenden Faden auf den Nadelhaken holen und durch die Anfangsschlinge ziehen.

Luftmaschen zum Ring schließen

In die erste Masche der Luftmaschenkette stechen und eine Kettmasche arbeiten.

Muscheln

Häkelmuster aus 3 bis 5 Stäbchen, die in eine Masche der Vorreihe eingestochen werden. Dann 2 Maschen der Vorreihe übergehen, 1 feste Masche häkeln und in die 3. folgende Masche wieder 3 bis 5 Stäbchen arbeiten.

Nadelspiel

Fünf an beiden Seiten spitze Nadeln mit denen rund gestrickt wird.

Noppen 0

Verdickungen im Gestrick oder Gehäkelten. Den Faden mehrmals um die Nadel schlingen und einen weiteren Faden durch alle auf der Nadel befindlichen Schlingen ziehen.

Picot

Gehäkelte Spitzenmasche, die meist an Rändern gearbeitet wird. 3 bis 5 Luftmaschen häkeln, in die erste Luftmasche zurückeinstechen und eine feste Masche oder eine Kettmasche arbeiten.

Pompon

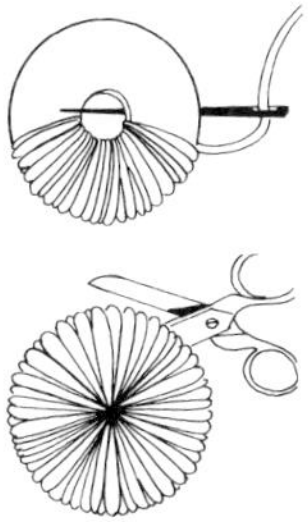

Auf Pappe zwei gleich große Kreise mit einem Innenkreis zeichnen. Die beiden ausgeschnittenen Pappringe aufeinanderlegen und mit Wolle umwickeln bis der Innenkreis ganz ausgefüllt ist. Eine Schere zwischen die Pappscheiben schieben und die Fäden außen ringsherum durchschneiden. Die Scheiben etwas auseinanderschieben und den Mittelstrang abbinden, das Ende verknoten.

Quasten

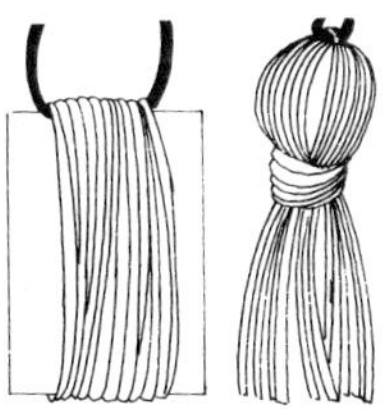

Ein Stück Karton gleichmäßig mit Wolle oder Garn umwickeln, das Wollbündel an einem Ende mit einem Faden abbinden, die Enden verknoten, das Bündel vom Karton streifen, etwas unterhalb der Bindestelle die Quaste mehrmals umwickeln, so daß ein Köpfchen entsteht. Die Enden des Wickelfadens unsichtbar in der Quaste vernähen.

Randmasche gehäkelt

Am Ende einer gehäkelten Reihe wird eine Wendeluftmasche gearbeitet, das heißt, nach der letzten festen Masche wird eine Luftmasche gehäkelt, die Arbeit gewendet und wieder in die erste Masche wie gewohnt eingestochen. Bei einer Arbeit aus Stäbchen werden drei Luftmaschen als Wendemasche gehäkelt.

Randmasche gestrickt

Die letzte Masche einer Reihe wird nicht gestrickt, sondern abgehoben, dabei den Faden vor die Arbeit legen, die Arbeit dann wenden und die erste Masche, die Randmasche, rechts stricken.

Schürzstich

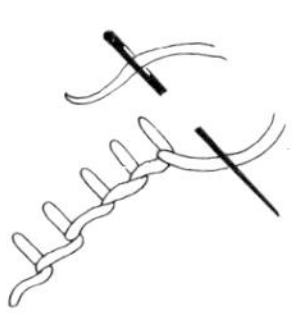

Er wird auch Knopfloch- oder Festonstich genannt. Links am Rand ausstechen, eine lockere Schlinge legen, im gewünschten Abstand vom Rand aus einstechen und von der Rückseite kommend die Schlinge auf der Oberseite erfassen.

Stäbchen

Den Arbeitsfaden von hinten nach vorne um die Häkelnadel schlingen, mit der Nadel von vorne nach hinten durch die beiden obenauf waagerecht liegenden Maschenglieder einstechen, Faden holen, Faden durch die Maschenglieder und den Umschlag ziehen, erneut den Faden holen und durch die beiden letzten Schlingen ziehen.

Doppelstäbchen

Mit doppeltem Umschlag beginnen, in die Masche der Vorreihe stechen, den Faden holen, wieder einen Umschlag machen und diesen durch die beiden ersten Schlingen ziehen. Mit einem weiteren Umschlag die beiden nächsten Schlingen zusammenfassen, usw.

zusammenabgemaschte Stäbchen

Alle Stäbchen nur halb fertigstellen, die Schlingen auf der Nadel lassen und zum Schluß den Arbeitsfaden durch alle auf der Nadel befindliche Schlingen ziehen.

Strickliesel

Einfaches Gerät zum Herstellen gestrickter Kordeln.

Umschlag

Den Arbeitsfaden zusätzlich zur gestrickten oder gehäkelten Masche nochmals um die Nadel schlingen.

Doppelter Umschlag

Den Arbeitsfaden zweimal um die Nadel schlingen.

Zugmasche

Sie wird in zweifarbigem Strickmuster verwendet. An den Stellen, an denen die Maschen über andersfarbigen Grund hochgezogen werden sollen, wird neben die entsprechende Masche ein doppelter Umschlag gemacht. Bei der folgenden andersfarbigen Reihe wird die Masche mit dem Umschlag nicht gestrickt, sondern abgehoben. Dies kann über zwei bis drei Reihen gehen.

Zunehmen beim Häkeln

Zwei Maschen aus einer Masche der Vorreihe heraushäkeln.

Zunehmen beim Stricken

Querfaden zwischen zwei Maschen auf die Nadel heben und verdreht abstricken.

Dumbo, der Handelefant

Material
50 – 80 g Patons Wolle »Conway« in Blau, ein Garnrest in Rot, Nadelspiel Nr. 4, Häkelnadel Nr. 4, 4 Knöpfe für die Augen.

Muster
Eine Runde rechts und eine Runde links stricken, so daß ein krauses Maschenbild entsteht.

Ausführung
Mit doppeltem Faden arbeiten. 40 Maschen anschlagen und zur Runde schließen.
12 Runden in dem angegebenen Muster stricken.
10 Runden Rippenmuster 2 rechts, 2 links arbeiten.
10 Maschen ruhen lassen und über den restlichen 30 Maschen hin und her kraus rechts 20 Reihen stricken.
Jetzt ein Käppchen – wie für einen Strumpf – arbeiten: 18. und 19. Masche zusammenstricken, Arbeit wenden und die 6. und 7. Masche zusammenstricken; wenden und wieder über den zusammengestrickten Maschen der Vorreihe 2 Maschen zusammenstricken, wenden usw., bis alle Maschen auf beiden Seiten aufgebraucht sind.
Rechts und links je 2 Randmaschen des Käppchens auf die Nadel mit den ruhenden Maschen nehmen, hin- und herstricken, wieder rechts und links 2 Randmaschen aufnehmen usw., bis alle Randmaschen aufgenommen sind.
Die Maschen gleichmäßig auf das Nadelspiel verteilen und in Runden weiterarbeiten.
Für den Rüssel 35 Runden kraus stricken, dabei 30 Maschen abnehmen: in den ersten 4 Runden je 2 Maschen, die restlichen gleichmäßig verteilt.
Die 10 übrigbleibenden Maschen abketten und zur Rüsselspitze zusammennähen.

□ Ohr (zweimal)
8 Luftmaschen anschlagen.
6 Reihen feste Maschen häkeln.
Beginnend vom Luftmaschen-Anschlag, feste Maschen über das Gehäkelte zum anderen Ende des Anschlags und wieder zurück arbeiten.

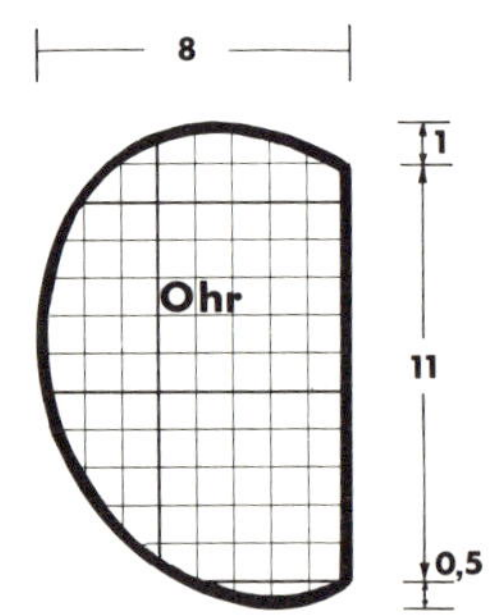

Fertigstellung
Ohren annähen. Rotes Luftmaschenband häkeln und als Schleife um den Hals binden. Augen aus Knöpfen aufnähen.

Häschen mit Geheimfach

Material
30 cm Frotteestoff in Gelb, 20 cm in Blau, 22 cm langer Reißverschluß, Reis zum Ausfüllen.

Ausführung
Alle Teile laut Schnittschema zweimal mit $1/2$ cm Nahtzugabe zuschneiden; Ohren, Arme und Beine in Blau, Rumpf und Kopf in Gelb. Die Augen und die Nase aus blauen 3 cm großen Dreiecken auf das Gesicht aufnähen, die Barthaare werden aufgestickt.

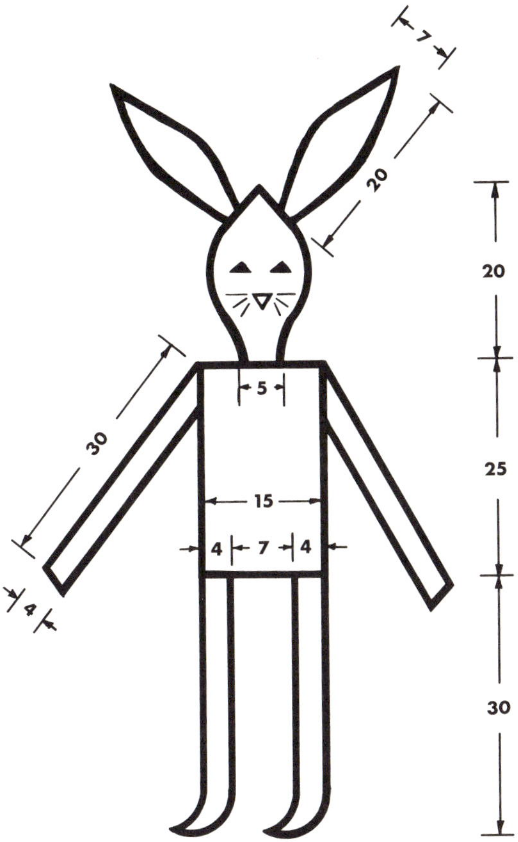

Den Stoff für den Kopf, die Arme, die Beine und die Ohren rechts auf rechts legen und bis auf je eine kleine Öffnung absteppen.
Die Einzelteile verstürzen, locker mit Reis füllen und ganz zunähen.
Der Rumpf, der nicht mit Reis ausgefüllt wird, muß ebenfalls rechts auf rechts gesteppt und dann verstürzt werden. In die Mitte der Rückseite kommt längs der Reißverschluß.
Nun die Einzelteile an den entsprechenden Stellen des Rumpfes annähen.
Das Halsband wird aus einem blauen Streifen geschnitten und angenäht. Zum Schluß befestigt man auf der Rückseite ein kleines Stummelschwänzchen.

Glucky, der Kugelfisch

Material
Reste in Orange, Kornblumenblau und Türkis, Nadelspiel Nr. 4, Häkelnadel Nr. 4, Acrylwatte zum Ausstopfen.

Muster
Glatt rechts stricken.

Ausführung
80 Maschen anschlagen und auf 4 Nadeln verteilen, zur Runde schließen.

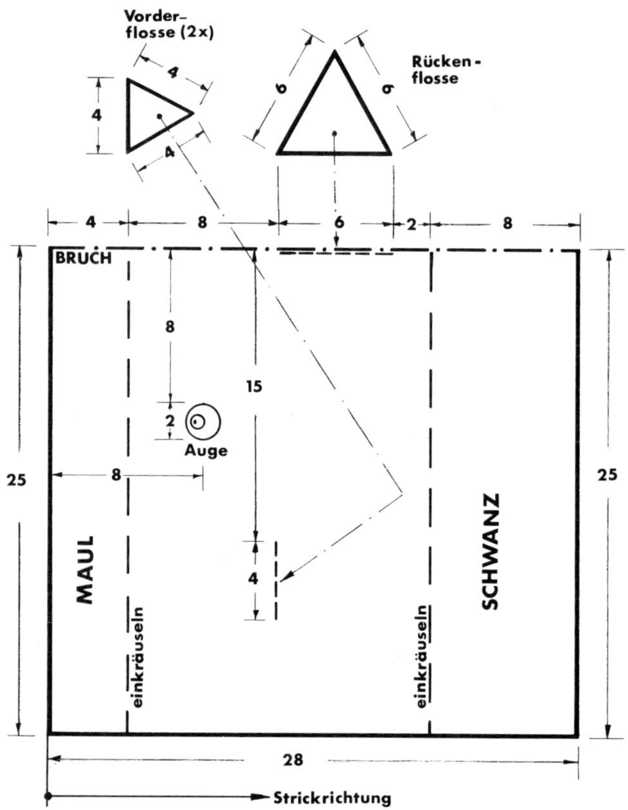

30 Runden in Orange stricken.
3 Runden blau, in der 3. Runde in jede 4. Masche einen doppelten Umschlag stricken.
5 Runden in Türkis, dabei den blauen Umschlag über 2 Runden als Zugmasche arbeiten.
6. Runde: 1 Masche orange, 3 Maschen türkis, dabei die orangefarbene Masche in die Mitte zwischen die Zugmaschen in Blau stricken.
7. Runde: 3 Maschen orange, 1 Masche türkis mit Umschlag.
8. Runde: orange, den türkisfarbenen Umschlag als Zugmasche hochholen.
9. und 10. Runde: orange.
Runden 1 bis 10 noch zweimal wiederholen.
12 Runden in Blau.
8 Runden abwechselnd orange und blau.
5 Runden orange und abketten.

☐ Auge (zweimal)
In Blau 3 Luftmaschen anschlagen und zum Ring schließen.
1. Runde: 6 feste Maschen in den Ring häkeln.
2. Runde: mit Türkis in jede Masche der Vorreihe 2 feste Maschen häkeln.
3. Runde: 18 feste Maschen arbeiten.
4. Runde: in Blau 32 feste Maschen.

☐ Rückenflosse
3 Luftmaschen anschlagen (blau).
1. Reihe: 1 feste Masche, 3 feste Maschen in die mittlere Luftmasche, 1 feste Masche; Arbeit wenden.
2. Reihe: 2 feste Maschen, 3 feste Maschen in die mittlere feste Masche der Vorreihe, 2 feste Maschen.
3. Reihe und alle folgenden: Feste Maschen bis zur mittleren festen Masche häkeln, in diese 3 feste Maschen arbeiten und weiter bis zum Rand wieder jeweils eine Masche, dadurch entsteht die Spitze.
Insgesamt 7 Reihen häkeln.

☐ Vorderflosse (zweimal)
5 Luftmaschen anschlagen.
5 Reihen mit festen Maschen häkeln und jeweils in der mittleren Masche der Vorreihe 3 feste Maschen, um die Spitze zu bilden.

Fertigstellung
Für den Schwanz das abgekettete Ende so legen, daß die Randmaschen flach aufeinander liegen. Dabei darauf achten, daß die Linie mit den Rundenwechseln in einen Bruch zu liegen kommt, dies ist dann die Unterseite des Fisches.

Mit festen Maschen in Orange nun die aufeinanderliegenden Randmaschen zusammenhäkeln.
Als Abschluß Muscheln arbeiten: 3 Stäbchen in die 2. feste Masche vom Rand aus, dann ein Picot (Picot = 3 Luftmaschen, 1 feste Masche in die 1. Luftmasche) und nochmals 3 Stäbchen in die zweite feste Masche. 1 Kettmasche in die 5. feste Masche, 3 Stäbchen in die 7. feste Masche, 1 Picot, 3 Stäbchen, 1 Kettmasche in die 9. feste Masche. Wiederholen Sie diese Muscheln bis zum Ende der Reihe. Der Endfaden wird vernäht.
Füllen Sie nun in das Schwanzteil, bis zu dem breiten blauen Streifen, Watte.
Steppen Sie mit einem gleichfarbigen Faden quer über die ganze Breite und ziehen ihn dabei stark an, so daß die Flossenform entsteht; Faden gut vernähen.
Jetzt den Körper kugelförmig ausstopfen.
Etwa 12 Reihen vom Rand mit orangefarbenem Faden das Gestrick zusammenziehen, so daß sich die gerollten Lippen bilden.
Die Rückenflosse auf der oberen Mitte, beim blauen Streifen beginnend, aufnähen; die Vorderflossen auf dem gleichen Streifen unten rechts und links.
Augen auf den orangefarbenen Grund nähen.

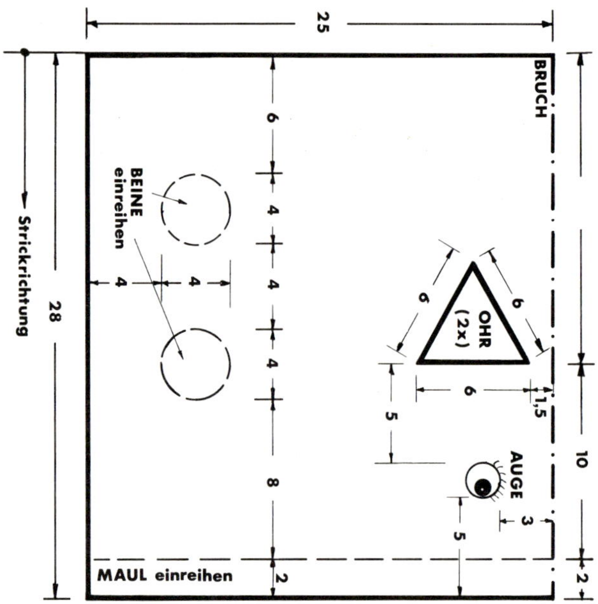

Schweinchen Ringelschwanz

Material
Etwa 100 g verschiedene Wollreste einer Stärke (Dünner Faden kann auch doppelt verarbeitet werden, um die nötige Festigkeit zu erhalten.) Stricknadel- und Häkelnadelstärke passend zur Wolle, 2 schwarze Knöpfe, Acrylwatte zum Ausstopfen, eventuell ein Stück Draht für den Schwanz.

Muster
Glatt rechts stricken.

Ausführung
Machen Sie eine Maschenprobe mit Ihrem Garn und errechnen Sie, wieviele Maschen Sie für 50 cm Breite anschlagen müssen.
Über diesem Anschlag stricken Sie jetzt in beliebiger Reihenfolge ein gerades, 28 cm langes Stück.

□ Ohr (zweimal)
Zwei Dreiecke nach Schnittmuster häkeln.

Fertigstellung
Nähen Sie die Randmaschen aneinander, so daß sich ein Schlauch bildet.
Für das hintere Ende werden alle abgeketteten Maschen mit einem Faden eng zusammengezogen, bis kein Loch mehr vorhanden ist.
Jetzt wird der Körper kugelförmig ausgestopft.
Am vorderen Ende entsteht die Schnauze, indem man etwa 3 cm vom Rand einen Faden einreiht und ihn fest zusammenzieht.
Anschließend werden die Ohren und Augen laut Schnitt aufgenäht.
Für die kugelförmigen Beinchen an den entsprechenden Stellen mit Vorstichen den Kreis aussticken, etwas Watte in die Mitte zupfen und den Stickfaden anziehen.
Eine 15 cm lange Luftmaschenkette als Schwanz annähen und eventuell Draht einschieben, damit er sich haltbar ringeln läßt.
Zum Schluß werden die Knopfaugen angebracht.

Zebra Black and White

Material
Phildar-Wolle »Pegase«: 3 Knäuel in Weiß, 2 Knäuel in Schwarz, Stricknadeln Nr. 4, 5, 2 Knöpfe für die Augen, ein 45 × 90 cm großes Stück Nessel, Schaumstoff oder Kapok zum Ausstopfen.

Muster
Glatt rechts stricken und unregelmäßig gestreift.

Ausführung
Am hinteren Ende beginnend 22 Maschen anschlagen und gemäß den Maschenzahlen in der Schnittmusterzeichnung zu- und abnehmen.
Ein zweites Teil gegengleich arbeiten.
Ein 6 cm breites und etwa 1,45 m langes Zwischenteil stricken. Die Streifen müssen mit denen der Körperteile übereinstimmen.

□ Schwanz
45 weiße Fäden in 50 cm Länge schneiden und zur Hälfte umlegen. Die 90 Fäden in drei Stränge teilen und einen Zopf flechten. Die Fadenenden zu einem Quast abbinden.

□ Mähne
10 cm lange Fäden in Weiß und Schwarz schneiden, entsprechend den Rückenstreifen des Zebras auf einem 27 cm langen Papierstück verteilen und in der Mitte aufsteppen.

Fertigstellung
Die beiden Seitenteile und den Zwischenstreifen aus Nessel zuschneiden, bis auf eine Einfüllöffnung zunähen, wenden, ausstopfen und schließen.
Die gestrickten Teile dämpfen, bis auf die Rückennaht zusammennähen, über das ausgestopfte Innenteil ziehen und zunähen.
Schwanz, Augen und Mähne mit unsichtbaren Stichen befestigen.

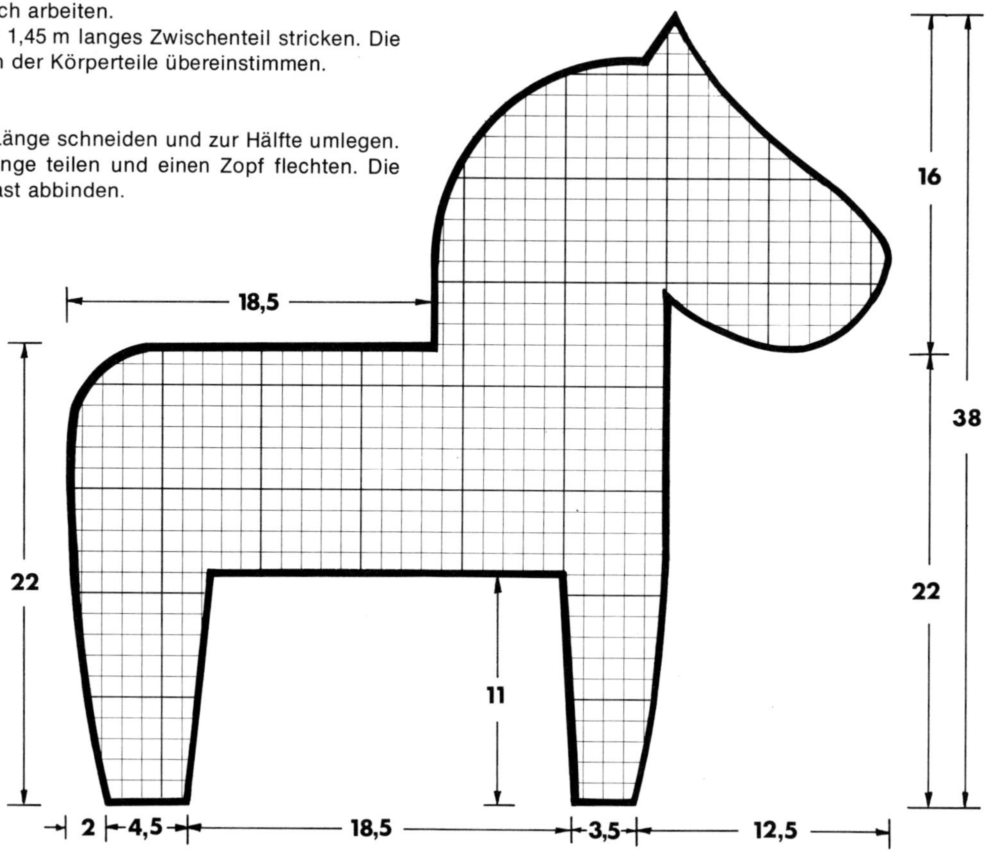

Chrötli, die Schildkröte

Material
Teppichwolle von Patons »Turkeys«: 5 Knäuel Braun, 3 Knäuel Natur, 2 Knäuel Gelb, 2 Knäuel Hellbraun; Häkelnadel Nr. 12, 2 Augen mit 15 mm Durchmesser, Acrylwatte.

Muster
Feste Maschen häkeln.

Ausführung
Für den Panzer werden 7 runde Platten benötigt. Man beginnt mit der Farbe Natur. 5 Luftmaschen werden zum Ring geschlossen. Jede Runde mit einer Kettmasche schließen.

1. Runde: 6 feste Maschen in den Ring arbeiten.
2. Runde: in jede Masche der Vorreihe zweimal einstechen, so daß sich 12 feste Maschen bilden.
3. und 4. Runde: in Gelb, in jede 2. Masche der Vorreihe 2 feste Maschen häkeln.
5. Runde: in Braun, in jede 3. Masche 2 feste Maschen arbeiten.

☐ Bauchplatte
In Braun mit festen Maschen eine runde Scheibe von 38 cm Durchmesser häkeln.

□ Kopf
In Gelb, 3 Luftmaschen zum Ring schließen.
1. Runde: 8 feste Maschen in den Ring häkeln.
2. Runde: wieder 8 feste Maschen.
3. Runde: 8 feste Maschen in Braun.
4. Runde: in jede 2. Masche der Vorrunde 2 feste Maschen.
4 Runden in Hellbraun.

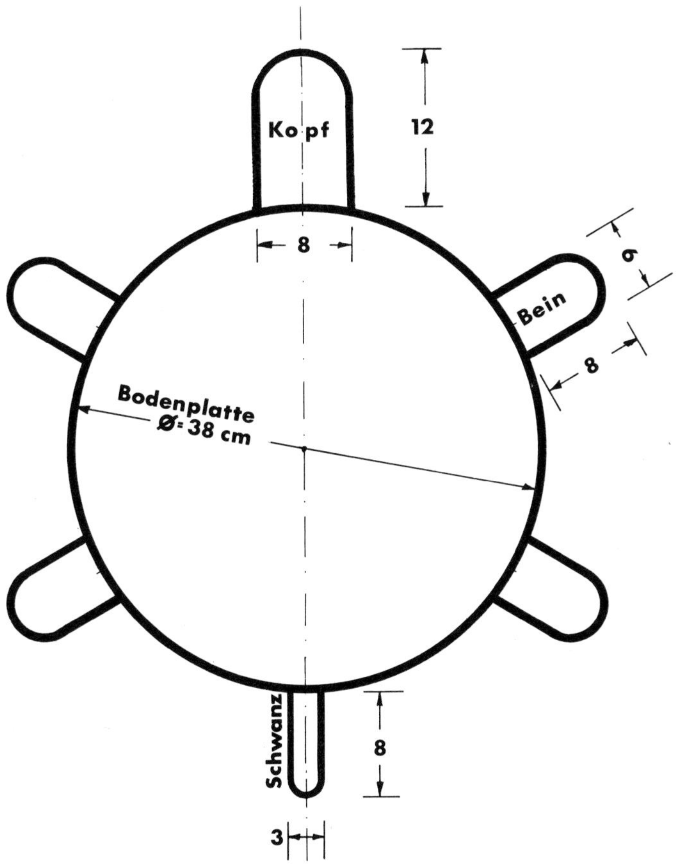

□ Schwanz
In Braun, 3 Luftmaschen zum Ring schließen.
5 Runden jeweils mit 5 festen Maschen häkeln.

□ Bein (viermal)
In Hellbraun, 3 Luftmaschen zum Ring schließen.
1. Runde: 5 feste Maschen in den Ring häkeln.
2. bis 5. Runde: je 8 feste Maschen arbeiten.

Fertigstellung
Die sieben Platten so aneinanderlegen, daß eine den Mittelpunkt bildet und die restlichen sechs sich gleichmäßig rundherum anschließen.
Nun die Platten mit naturfarbenem Garn mit festen Maschen umhäkeln.
Der gebogte Rand des Panzers wird mit einer Runde fester Maschen in Braun abgesetzt.
Legen Sie die Bauchplatte so auf den Rücken, daß die gebogten Ränder über den Rand hinausschauen. Entsprechend annähen und an der Stelle, wo der Kopf hin soll, einen Schlitz zum Ausstopfen offen lassen.
Jetzt werden der Kopf, der Schwanz und die Beine ausgestopft.
Nähen Sie die Beine und den Schwanz unterhalb der Einkerbungen der Rückenplatte auf die Bauchplatte an.
Der Kopf wird zwischen Ober- und Unterplatte genäht; es soll so aussehen, als käme der Kopf aus dem Panzer hervor.
Jetzt noch die Augen auf den braunen Streifen am Kopf anbringen.

Wuff, der Zottelhund

Material
Etwa 200 g dicke Wollreste; Häkelnadel Nr. 5,5 – 6; 2 schwarze Halbkugelknöpfe Acrylwatte.

Muster
Feste Maschen, Schlingenmuster: Über einer Reihe fester Maschen beginnen. Den Arbeitsfaden hinter Ring- und Mittelfinger der linken Hand legen. Den Faden vor den Finger holen und eine feste Masche häkeln. Die Finger aus der Schlinge ziehen. Nun in die nächste feste Masche stechen und den Vorgang wie oben beschrieben wiederholen.
Wechseln Sie immer eine Reihe Schlingen mit einer Reihe fester Maschen ab.

Ausführung
6 Luftmaschen zum Ring schließen.
5 Runden feste Maschen häkeln und zunehmen, so daß in der letzten Runde 26 Maschen vorhanden sind.
Mit verschiedenfarbigem Garn in Runden abwechselnd Schlingen und feste Maschen häkeln, bis das Teil 65 cm lang ist.
Körper ausstopfen.

□ Kopf
Mit einer Farbe 10 Runden feste Maschen an den Körper arbeiten.
11. Runde: 15 feste Maschen, dann je 2 Maschen zusammenhäkeln.
12. Runde: feste Maschen.
13. Runde: unterhalb der ersten Abnahme 5 Maschen abnehmen, so daß die Stirn entsteht.
14. Runde: wieder abnehmen bis noch 12 Maschen übrigbleiben.
Bis zur 18. Runde gerade weiterhäkeln.
In 3 Runden alle Maschen Kopf ausstopfen.
Die Nase in dunkelbrauner Wolle arbeiten.
abnehmen.
Nase spitz zunähen.

□ Ohr (zweimal)
Aus dunkelbrauner Wolle 2 ovale Scheiben nach Schnittmusterzeichnung in festen Maschen häkeln.

Fertigstellung
Ohren und Augen aufnähen. Eventuell einen Schwanz häkeln.

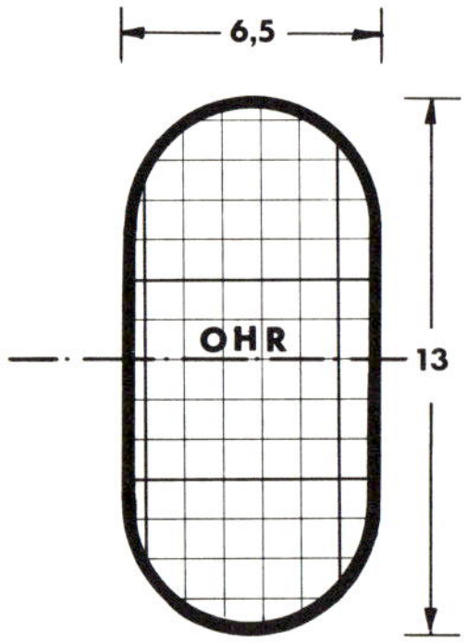

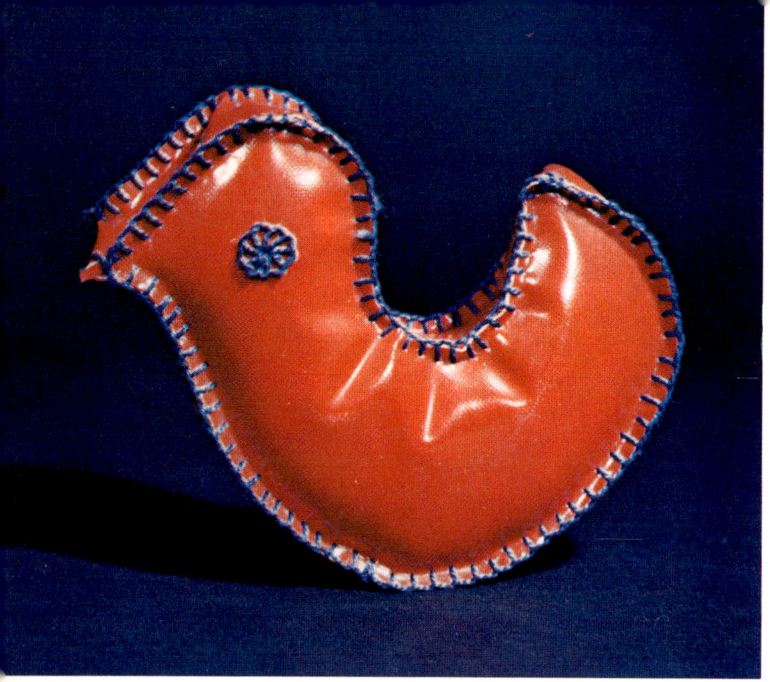

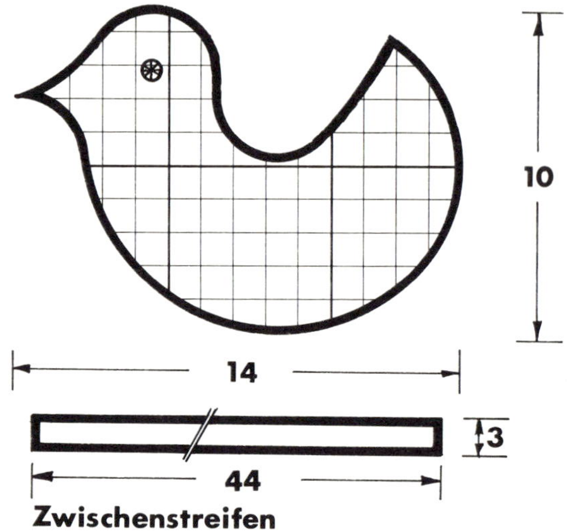

Wachstuchpferdchen und Nuckelente fürs Baby

Material
30 cm rotes Wachstuch, Perlgarn in Blau, Schaumstoffplatte von 3 cm Stärke.

Ausführung
Schneiden Sie den Schaumstoff und die Wachstuchteile ohne Nahtzugabe nach dem Schnittmuster aus, die Seitenteile jeweils zweimal. Mit überwendlichen Stichen wird der Mittelstreifen an ein Seitenteil genäht, der Schaumstoffkern eingelegt und das andere Seitenteil angearbeitet.
Beim Pferdchen als Augen je einen Fadenknoten setzen: Ein Fadenende mehrmals an der gleichen Stelle verknoten, mit der Nadel den Faden durchziehen und an der anderen Seite direkt auf dem Ausstichpunkt wieder Knoten bilden.
Für den Schwanz eine Quaste aus Stickgarn herstellen und annähen. Die Ente bekommt runde Augen, die als Rosette aus Knopflochstichen gestickt werden.

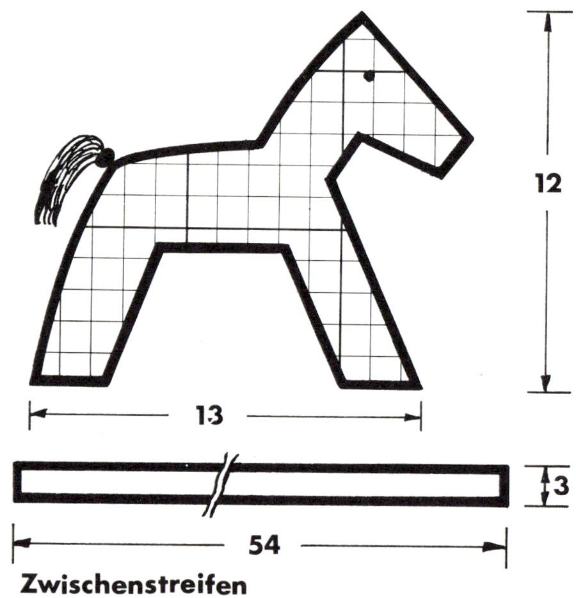

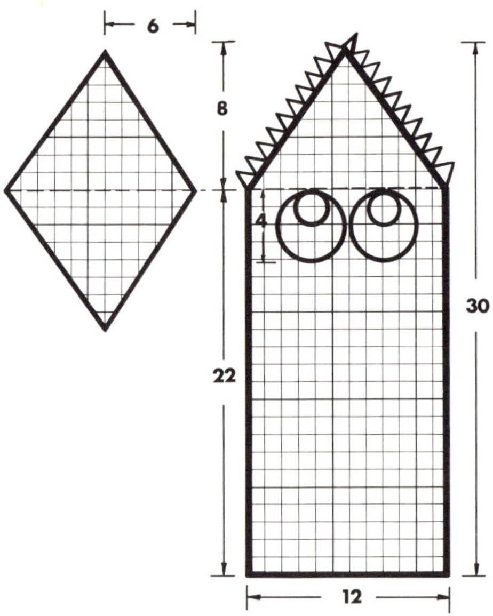

Otto, die Schlange

Material
Ungefähr 50 g blaumelierte Wolle »Persiana« von Schoeller, Restgarne entsprechender Stärke (eventuell Faden doppelt verarbeiten) in Rot und Gelb, Häkelnadel Nr. 5 und Nr. 3.

Muster
Feste Maschen und Picots.

Ausführung
15 Luftmaschen anschlagen und zur Runde schließen.
5 Runden feste Maschen in Blau.
Dreimal abwechselnd 2 Runden in Rot, 2 Runden in Blau.
Jetzt in Blau weitermachen, die Arbeit teilen. In jeder Hin- und Rückreihe rechts und links je 1 Masche abnehmen, so daß eine Spitze entsteht. Bei der zweiten Hälfte gleich verfahren.
In Blau über 6 Luftmaschen ein ebensolches Dreieck häkeln, anschließend auf der anderen Seite des Anschlages noch eines.
Diesen Rhombus jetzt ins Maul nähen.
Den Rand mit einer Runde fester Maschen in Blau festigen.

□ Zähne
Mit der Häkelnadel Nr. 3 rings um den Maulrand gelbe Picots arbeiten. (Picot = + 3 Luftmaschen, eine feste Masche in die 1. Luftmasche, 1 Kettmasche +; von + bis + wiederholen).

□ Zunge
Beliebig lange Luftmaschenketten in Rot bilden und in das Maul einnähen.

□ Auge (zweimal)
5 gelbe Luftmaschen zum Ring schließen.
Den Ring solange mit festen Maschen umhäkeln, bis eine Scheibe von 4 cm Durchmesser entstanden ist; dabei immer wieder in das Mittelloch einstechen.
In der gleichen Weise eine kleinere mit 2 cm Durchmesser herstellen und auf das blaue Teil – nicht ganz in die Mitte – nähen. Beide Augen direkt über dem Maul anbringen.

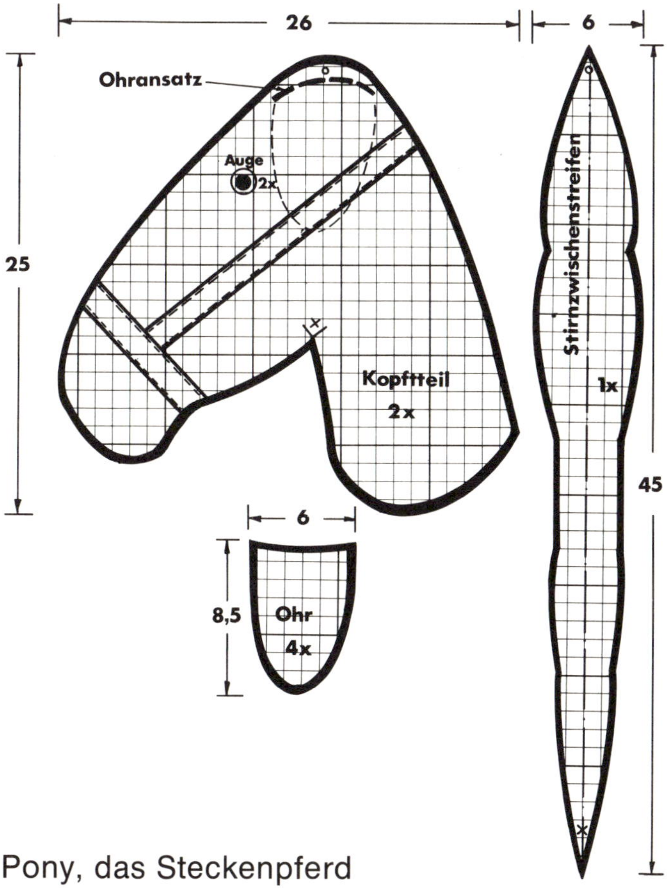

Pony, das Steckenpferd

Material

50 cm Trachtenstoff, 1,50 m lange und 3 cm breite Blümchenborte, 1,30 m lange und 7 cm breite Wollfransenborte, 1 m langes Rundholz mit 2 cm Durchmesser, 2 große schwarze Knöpfe, Watte zum Ausstopfen.

Ausführung

Das Kopfteil zweimal, das Ohrteil viermal und den Zwischenstreifen einmal mit 1/2 cm Nahtzugabe entsprechend der Schnittmusterzeichnung zuschneiden.

Je zwei Ohrteile rechts auf rechts legen, zusammensteppen und verstürzen.

Die offenen Schnittkanten 1/2 cm breit umfalten und an die markierten Stellen der Kopfteile annähen, so daß die Ohrspitzen nach unten zeigen.

Das Zwischenteil einsetzen und die Seitennähte schließen.

Den Stoff nach rechts umdrehen und fest mit Watte ausstopfen.

Durch den Holzstab 10 cm vom Ende entfernt ein Loch bohren. Den Stab mit diesem Ende in den Kopf führen und darauf achten, daß er von allen Seiten gleichmäßig von Watte umgeben ist.

Den Kopf zunähen und dabei durch das Loch im Stab stechen, so daß dieser nicht mehr herausrutschen kann.

Als Mähne die rote Wollborte doppelt auf der Rückennaht anheften, den Rest serpentinenartig auf der Stirn auslaufen lassen.

Bunte Borte als Halfter und die Knöpfe als Augen aufnähen.

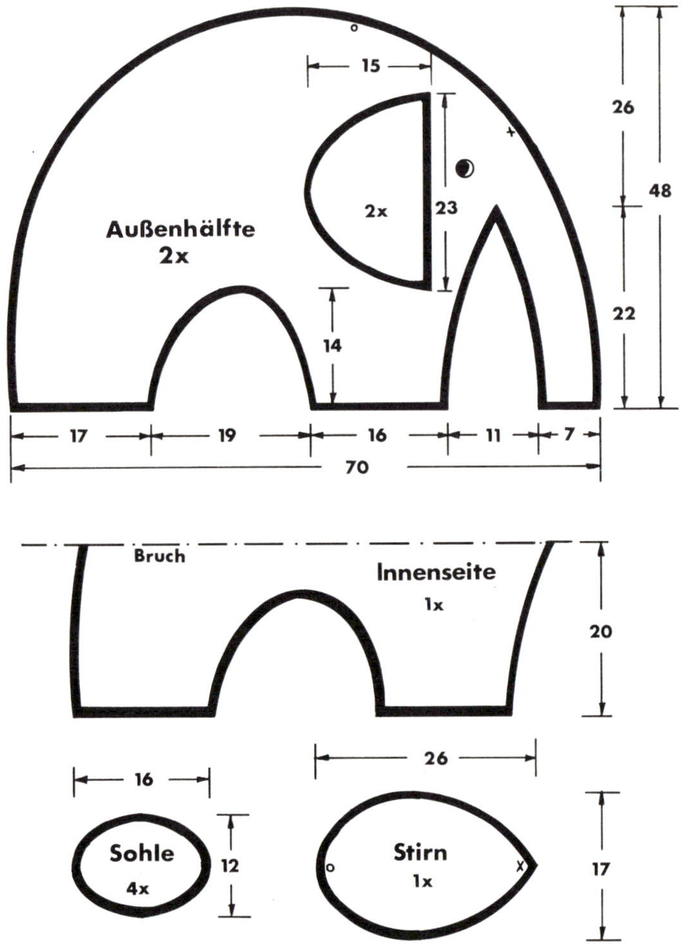

Jumbo, der tragende Elefant

Material

1,50 m Cordsamt, der 90 cm breit liegt, Stoffrest für den »Sattel«, Borte, 2 Knöpfe, Holzwolle.

Ausführung

Entsprechend der Schnittmusterzeichnung werden die Seitenteile zweimal, die Ohren viermal, die Fußsohlen viermal, die Stirn und das Innenteil einmal mit Nahtzugabe zugeschnitten.
Je zwei Ohrlappen zusammennähen und an den markierten Stellen auf die Seitenteile steppen.
Jetzt die Teile mit festem Garn zusammennähen, die Fußsohlen offen lassen.

Zunächst den Rüssel gleichmäßig und fest mit Holzwolle ausstopfen, dann folgt die Stirn. Füllen Sie den Rumpf so stramm, daß man meint die Nähte müßten platzen. Unebenheiten werden von innen ausgeglichen. Dann die Fußsohlen mit der Hand aufnähen.
Die Augen ebenfalls sehr fest annähen, denn Jumbo wird als Reittier so manche Schlacht schlagen müssen und soll natürlich nicht gleich dabei in Fetzen gehen.
Zum Schluß die Satteldecke aus vorhandenen Stoffresten und nach persönlichem Geschmack nähen, verzieren und anbringen.

Nilpferd Nuff-Nuff

Material
75 cm karierter Stoff, der 1,20 m breit liegt, 2 Knöpfe als Augen, ein großer Knopf als Schwanz, Holzwolle.

Ausführung
Die Seitenteile zweimal und den Mittelstreifen einmal zuschneiden, für die Füße 8 × 8 cm große Stücke.
Den Streifen zwischen die Seitenteile rechts auf rechts nähen, dabei mit der Spitze an der Schwanzstelle beginnen. Zum Ausstopfen einen Schlitz offen lassen.
Den Stoffkörper verstürzen und fest mit der Holzwolle ausstopfen, dann ganz zunähen.
Die vier Stoffquadrate in Beutelform nähen, ausstopfen und als Füße aufnähen.
Zum Schluß die Knopfaugen und den Stummelschwanz anbringen.

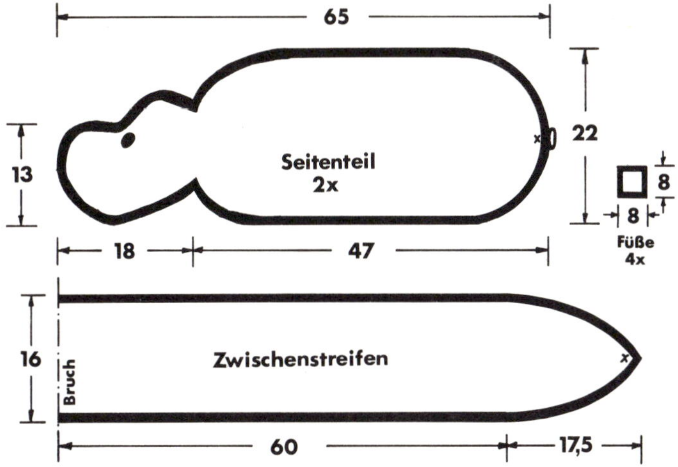

Löwe Leopold

Material
Phildar-Wolle »Pegase«: 5 Knäuel in Paprika, 4 Knäuel in Rot, 1 Knäuel in Orange, 1 Knäuel in Petunia, Reste in Schwarz, Blau und Weiß, Stricknadeln Nr. 4, Häkelnadel Nr. 3, ein 70 × 56 cm großes Stück Nessel, Kapok oder Schaumstoff-Flocken zum Ausstopfen, schwarzes Stickgarn.

Muster
Glatt rechts stricken, beim Häkeln feste Maschen arbeiten.

Ausführung
Für den Körper 114 Maschen in Paprika anschlagen und 60 cm hoch stricken, Maschen stillegen.
Für den Schwanz 20 Maschen anschlagen und 60 cm hoch stricken, Maschen stillegen.
Für die Tatzen 26 Maschen in Rot anschlagen und 30 Reihen stricken, Maschen stillegen. Insgesamt vier gleiche Rechtecke arbeiten.
Für den Kopf 40 Maschen in Rot anschlagen und 56 Reihen stricken, locker abketten. Ein zweites Teil ebenso stricken.
Der Zwischenstreifen muß 80 cm lang sein, er wird über 13 Anschlagmaschen in Rot gestrickt.

□ Ohr (zweimal)
In Orange 16 Luftmaschen häkeln und darüber 7 Reihen feste Maschen arbeiten.
8. Reihe: an beiden Seiten zweimal 1 Masche abnehmen.
Arbeit beenden. Ein zweites Teil ebenso häkeln.

□ Wange (zweimal)
Eine runde Scheibe in Orange von 6 cm Durchmesser häkeln.

□ Auge (zweimal)
In Blau 3 Luftmaschen anschlagen und zur Runde schließen.
1. Runde: 6 feste Maschen in den Ring häkeln.
2. Runde: verteilt auf die Vorreihe 3 Maschen zunehmen.
3. Runde: 9 feste Maschen.
4. Runde: in Weiß 2 feste Maschen in jede Masche der Vorreihe.
5. Runde: 18 feste Maschen.

Fertigstellung
Damit der Löwe seine Form besser behält, bekommt er noch ein Innenleben aus Nessel. Der Körper, das Kopfzwischenteil und die beiden Kopfplatten werden entsprechend der Maßangaben auf dem Schnittschema zugeschnitten und zusammengenäht.
Durch die belassenen Öffnungen kann man nun die Schaumstoff-

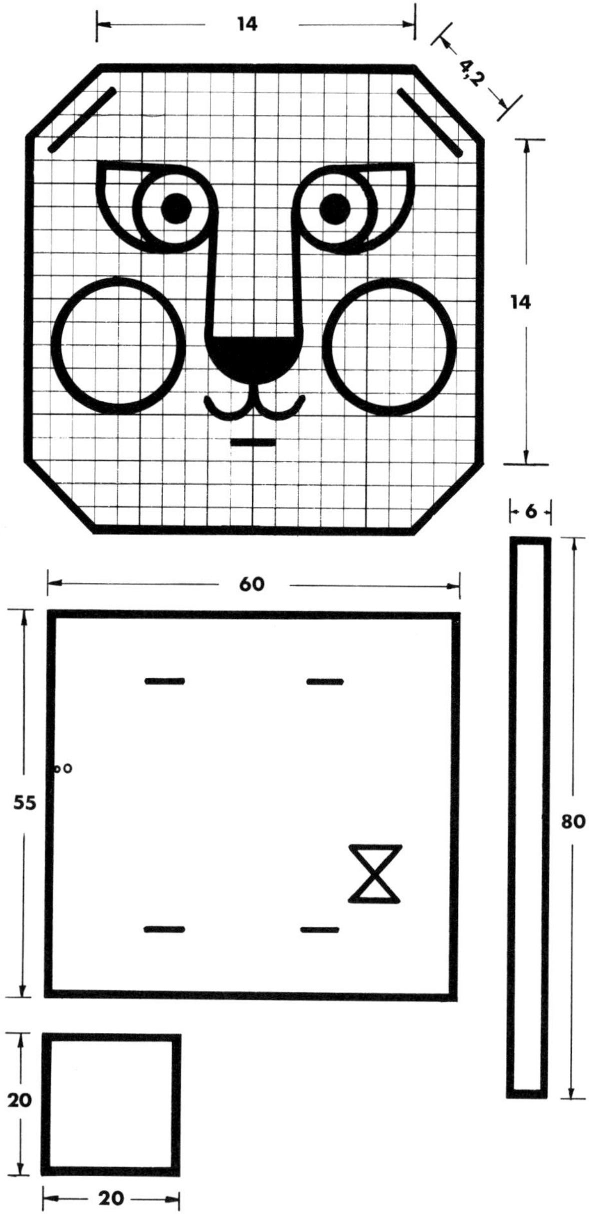

Flocken einfüllen. Die Enden des Körperteils werden gekräuselt und zusammengezogen.
Jetzt die glatt rechts gestrickten Teile so zusammennähen, daß die linke Seite nach außen kommt.
Den Körperteil über den ausgestopften Rumpf ziehen und angekräuselt zunähen.
Den Schwanz ebenfalls so zusammennähen, daß links außen ist, dann gleichmäßig ausstopfen und an der gekräuselten Stelle des Körperteils annähen.
Die Tatzen mit der rechten Seite nach außen liegend zusammennähen, ausstopfen und mit unsichtbaren Stichen an den markierten Stellen annähen.
Die Kopfteile zusammennähen, über den ausgestopften Nessel ziehen und die Öffnung schließen.
Je zwei Ohrteile mit einer Reihe fester Maschen zusammenhäkeln, leicht ausstopfen und am Kopf befestigen.
Für die Mähne 13 cm lange Wollfäden in Rot, Petunia und Orange schneiden. Mit der Häkelnadel zwei Reihen farbabwechselnd als Fransen einknüpfen, dabei an den Ohren eine Reihe vorherlaufend und eine dahinter arbeiten, an den Ecken abrunden.
Wangen und Augen nach Schnitt annähen. Die Gesichtszüge in Schwarz aufsticken.
Den Kopf am Zeichen X aufnähen und zum Schluß ein 22 cm langes Wollbüschel an den Schwanz nähen.

Herr und Frau Kautz

Material
Phildar-Wolle »Shoot«: 2 Knäuel in Schwarz, 2 Knäuel in Blau, 1 Knäuel in Pink, 1 Knäuel in Orange für Herrn Kautz; für Frau Kautz 1 Knäuel in Pink, 1 Knäuel in Blau und 1 Knäuel in Orange; für jedes Käutzchen je 1 Knäuel Phildar-Wolle »Pegase« in Grün; Stricknadeln Nr. 4,5; Häkelnadel Nr. 3,5; 50 × 50 cm Nessel für Herrn Kautz und 35 × 40 cm für Frau Kautz; Stopfmaterial.

Muster
Kraus rechts gestrickt, mehrfarbig gestreift: + 2 Reihen schwarz, 2 Reihen blau, 2 Reihen pink, 2 Reihen schwarz, 2 Reihen blau, 2 Reihen grün, 2 Reihen schwarz, 2 Reihen blau, 2 Reihen orange +. Von + bis + wiederholen.
Feste Maschen, zusammenabgemaschte feste Maschen, Krebsmaschen, halbe Stäbchen, Stäbchen gehäkelt.

Ausführung von Herrn Kautz
39 Maschen in Schwarz anschlagen und kraus rechts gestreift stricken, dabei in jeder 12. Reihe insgesamt sechsmal an beiden Seiten je 1 Masche abnehmen.
Mit 2 Reihen in Schwarz, 2 Reihen in Blau und 2 Reihen in Pink enden.
Es bleiben 27 Maschen.
Jetzt 26 Reihen in Schwarz gerade hoch stricken.
104. Reihe: 8 Maschen stricken, 11 Maschen abketten, 8 Maschen stricken.
Links in jeder Reihe die beiden mittleren letzten Maschen abnehmen.
Rechts gegengleich arbeiten, bis alle Maschen abgestrickt sind.
Das zweite Teil genauso arbeiten.

□ Flügel (zweimal)
34 Maschen in Blau anschlagen und kraus rechts stricken, dabei gleichmäßig verteilt in jeder 4. Reihe zwölfmal 1 Masche abnehmen und in jeder 2. Reihe fünfmal.

□ Unterteil
Eine Grundkette von 16 Luftmaschen anschlagen.
Mit festen Maschen um diese herumhäkeln, so daß ein abgerundetes Rechteck entsteht. Jede Runde mit einer Kettmasche schließen.

□ Auge (zweimal)
In Grün 3 Luftmaschen häkeln und zum Kreis schließen.
1. Runde: 6 feste Maschen in den Ring einstechen.
2. und 3. Runde: 2 feste Maschen in jede Masche der Vorreihe.
4., 5. und 6. Runde: 6 Maschen auf jeder Runde verteilt zunehmen.

□ Pupille (zweimal)
In Pink 3 Luftmaschen zum Ring schließen, 3 Luftmaschen häkeln und dann 9 Stäbchen in den Ring einstechen. Arbeit mit einer Kettmasche beenden.

□ Schnabel
In Orange 5 Luftmaschen anschlagen.
1. Reihe: 2 zusammenabgemaschte feste Maschen, 2 feste Maschen, 2 feste Maschen in die letzte Masche.
2. Reihe: 2 feste Maschen in die 1. Masche, 2 feste Maschen, 2 zusammenabgemaschte feste Maschen.
3. und 4. Reihe: 1. und 2. Reihe wiederholen.

Fertigstellung
Aus dem Nessel das Körperteil zweimal und das Unterteil einmal laut Maßangaben in der Schnittmusterzeichnung zuschneiden. Die Körperteile zusammennähen, wenden, ausstopfen und die Nähte schließen.
Die gestrickten Körperteile zusammennähen und über das Innenteil ziehen.
Die Flügel mit einer Reihe Kettmaschen umhäkeln.
Flügel, Augen, Pupillen und Schnabel mit unsichtbaren Stichen annähen.
Am unteren Rand 1 Reihe Krebsmaschen in Schwarz arbeiten.

Ausführung von Frau Kautz
28 Maschen in Pink anschlagen und kraus rechts stricken.
In jeder 10. Reihe an beiden Seiten je 1 Masche abnehmen, insgesamt fünfmal, so daß 20 Maschen auf der Nadel bleiben.
Dann in Blau 20 Reihen gerade hoch stricken.
In der 70. Reihe die ersten 6 Maschen stricken, die 8 mittleren abketten und über den restlichen 6 Maschen weiterarbeiten.
In den 6 folgenden jeweils linken Reihen immer 1 Masche abnehmen.
Die auf der rechten Seite stillgelegten Maschen wieder aufnehmen und jeweils in den rechten Reihen die 6 Maschen nacheinander abnehmen.
Das zweite Teil genauso stricken.

□ Flügel (zweimal)
24 Maschen in Blau anschlagen und kraus rechts stricken, dabei in jeder 2. Reihe gleichmäßig verteilt fünfmal 1 Masche mindern und in jeder 4. Reihe siebenmal.

□ Unterteil
In Pink 10 Maschen anschlagen und mit festen Maschen rund häkeln bis eine Platte laut Schnittmuster entstanden ist.

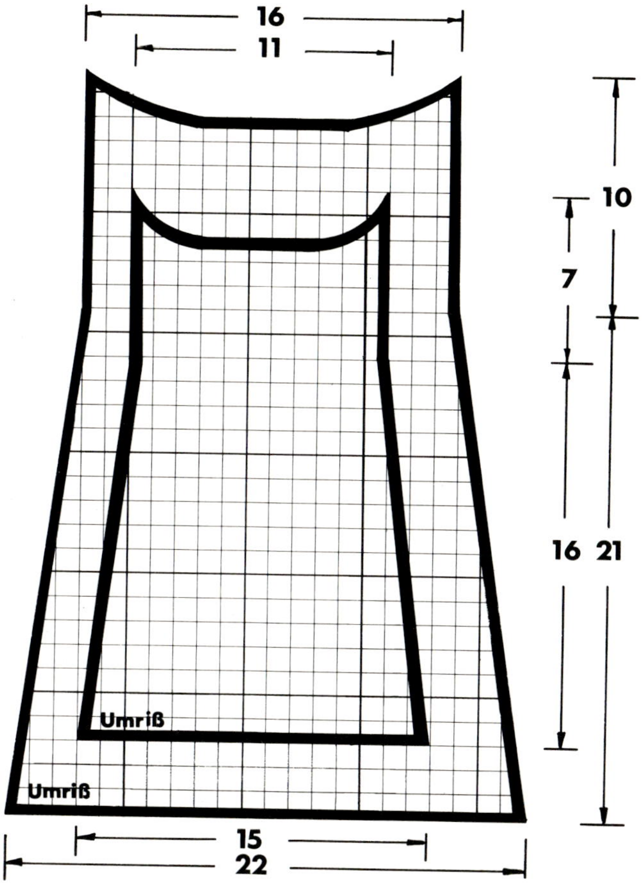

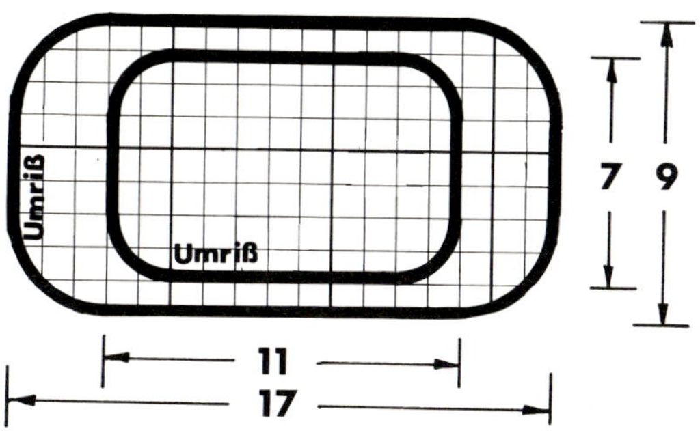

☐ Auge (zweimal)
Genau wie bei Herrn Kautz.

☐ Pupille (zweimal)
In Pink 3 Luftmaschen zum Kreis schließen.
2 Luftmaschen häkeln und dann 7 halbe Stäbchen in den Ring einstechen. Arbeit mit einer Kettmasche beenden.

☐ Schnabel
In Orange 3 Luftmaschen anschlagen.
1. Reihe: 2 zusammenabgemaschte feste Maschen, 1 feste Masche, 2 feste Maschen in die letzte Masche.
2. Reihe: 2 feste Maschen in die 1. Masche, 1 feste Masche, 2 zusammenabgemaschte feste Maschen.
3. Reihe: die 1. Reihe wiederholen.

Fertigstellung
Genau wie bei Herrn Kautz.

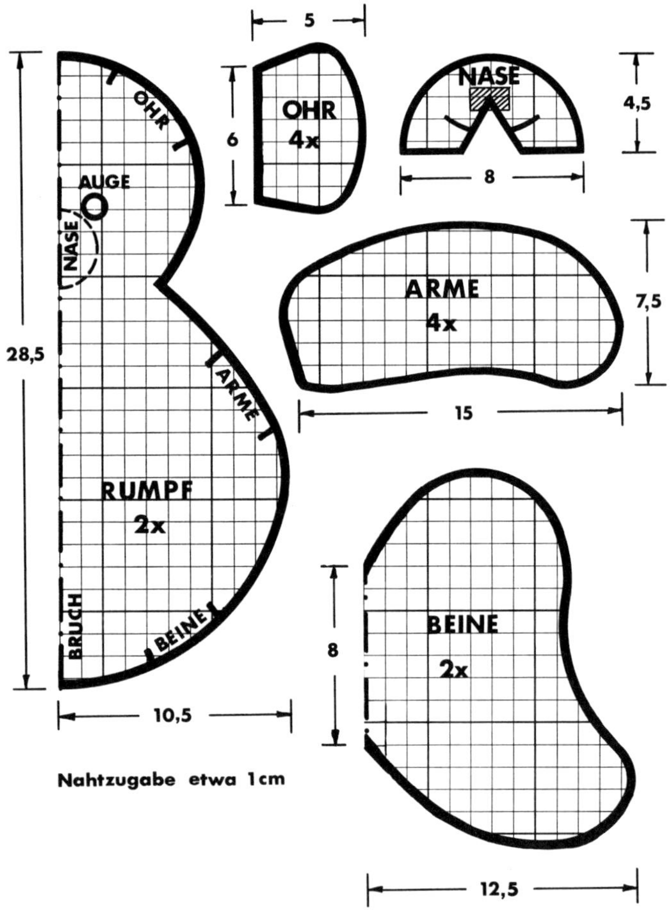

Nahtzugabe etwa 1 cm

Brummi, der Teddybär

Material
40 cm Plüschstoff in Braun, ein Rest Plüschstoff in Weiß, 2 Augen von 20 cm Durchmesser (Knorr), waschbare Acrylwatte, schwarzes Stickgarn.

Ausführung
Nach Schnittmuster mit Nahtzugabe den Rumpf zweimal, die Beine zweimal, die Arme viermal in Braun zuschneiden, die Ohren zweimal in Braun und zweimal in Weiß, die Nase einmal in Weiß.
Die Ohrteile, jeweils braun und weiß, rechts auf rechts legen und die Rundungen absteppen.
Die rechte Seite nach außen wenden und die Ohren mit Stecknadeln oben an den markierten Stellen des Kopfes zwischen die rechts auf rechts gelegten Rumpfteile einheften, so daß die Schnittkanten sich decken und die Ohrspitzen nach innen weisen.
Den Rumpf bis auf eine Öffnung ringsherum absteppen.
Arbeit wenden und mit der Acrylwatte nicht zu prall ausstopfen. Achten Sie darauf, daß der Kopf und der Bauch kugelig und der Hals schmal geformt wird. Dann den Körper zunähen.
Arme und Beine ebenfalls rechts auf rechts legen, absteppen, wenden, ausstopfen und zunähen.
Die Gliedmaßen sehr fest an den im Schnitt angegebenen Stellen annähen.

□ Nase
Die Abnäher schließen, Watte einlegen und die Nase mit unsichtbaren Stichen aufnähen, so daß die Abnähernaht nach unten zeigt.

Fertigstellung
Die Nasenspitze und den Mund aufsticken. Die Augen annähen.

Piep-Hühnchen

Dieses Hühnchen ist für die Kleinkinderhand gedacht. Soll es für größere Kinder oder gar für Erwachsene bestimmt sein, müssen die Maße etwas vergrößert werden.

Material
20 g weiße Angorawolle, 20 g dünne weiße Wolle, ein Rest roter Wolle, Häkelnadel Nr. 3, 2 Perlmuttknöpfe von 12 mm Durchmesser.

Muster
Feste Maschen häkeln.

Ausführung
Die beiden weißen Wollarten werden zusammenverarbeitet, so daß mit doppeltem Faden 40 Luftmaschen anzuschlagen sind.
Die Luftmaschen zum Ring schließen und 4 Runden feste Maschen häkeln.
Innerhalb der nächsten 8 Runden in jeder Runde 2 Maschen abnehmen. Setzen Sie die Abnahmen an verschiedene Stellen, so daß sich eine unauffällige Schrägung bildet.
In den folgenden Runden je 1 Masche zunehmen, ebenfalls versetzt.
21. Runde: statt fester Maschen eine Luftmaschenkette von 14 Maschen bilden und diese über 14 feste Maschen der Vorrunde spannen, dann wieder mit festen Maschen weiterarbeiten. So entsteht der Schlitz für den Schnabel.
22. – 30. Runde: in jeder Runde versetzt 4 Maschen abnehmen.
Obere Kopfmitte zunähen.

□ Schnabel
In Rot die Randmaschen der oberen Schlitzkante mit festen Maschen behäkeln.
Eine Luftmaschenkette von 10 Maschen bilden und über den Schlitz führen, am Anfang rote Runde mit einer Kettmasche verbinden.
Auf diesem Ring in Runden weiterhäkeln und dabei rechts und links je 2 Maschen zusammenhäkeln, so daß der spitze obere Schnabel entsteht.
Den unteren Schnabel genau so arbeiten, dabei im Schnabelinnern in die Luftmaschenkette einstechen.
Über die Abnahmestellen der beiden Schnabelhälften 1 Reihe feste Maschen häkeln. Stechen Sie hier tiefer als gewöhnlich ein, so daß eine deutliche Kante entsteht.

□ Kamm
Den Kopf auf die Hälfte legen und von der Schnabelmitte beginnend, 18 feste Maschen in Rot häkeln. Wenden.
3 Stäbchen in die 3. Masche vom Rand, 1 Picot, (1 Picot = 3 Luftmaschen, 1 feste Masche in die 1. Luftmasche), wieder 3 Stäbchen in die 3. Masche, 1 Kettmasche in die 6. Masche; 3 Stäbchen in die 9. Masche, 1 Picot, wieder 3 Stäbchen in die 9. Masche, 1 Kettmasche in die 12. Masche; 3 Stäbchen in die 15. Masche, 1 Picot, noch einmal 3 Stäbchen in die 15. Masche, 1 Kettmasche in die 18. Masche. Faden vernähen.

□ Kehllappen (zweimal)
4 Luftmaschen in Rot anschlagen.
Feste Maschen um den Anschlag herumhäkeln, an den Enden jeweils 3 Maschen zunehmen.
2 Runden häkeln.

□ Auge (zweimal)
Die Perlmuttknöpfe als Augen an den markierten Stellen aufnähen.

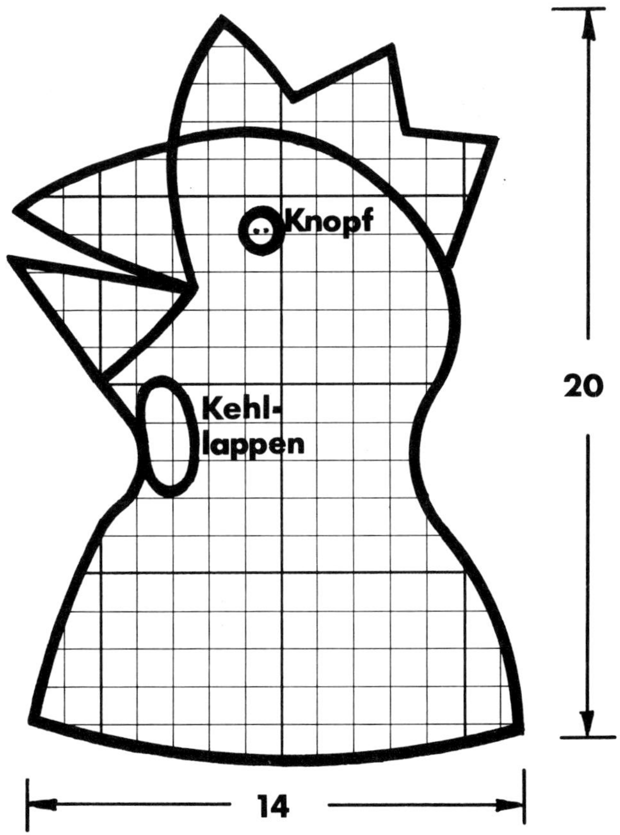

flachgelegter Umriß

Schmusekätzchen Musch

Material
Esslinger-Wolle »Geisha«: 50 g in Grau, 50 g in Rosa, Acrylwatte zum Ausstopfen, Stickgarn in Pink, Nadelspiel Nr. 4, Häkelnadel Nr. 4.

Muster
Glatt rechts stricken, feste Maschen häkeln.

Ausführung
Man beginnt die Arbeit am unteren Rumpf. In Grau 5 Luftmaschen anschlagen und zum Ring schließen.
1. Runde: 10 feste Maschen in den Ring arbeiten.
2. Runde: in jede feste Masche der Vorrunde 2 feste Maschen häkeln.
3. Runde: In Rosa in jede 2. Masche der Vorrunde 2 feste Maschen.
4. Runde: in jede 3. Masche der Vorrunde 2 feste Maschen.
5. Runde: in jede 4. Masche der Vorrunde 2 feste Maschen.
6. Runde: in Grau in jede 5. Masche der Vorrunde 2 feste Maschen.
7. Runde: in jede 6. Masche der Vorrunde 2 feste Maschen.
8. Runde: in jede 7. Masche der Vorrunde 2 feste Maschen.
Von jetzt an ohne Zunahmen mit festen Maschen weiter in Runden arbeiten. Dabei jeweils 3 Runden in Rosa und 3 Runden in Grau abwechseln, insgesamt etwa 17 × 3 Runden.
Dann in Rosa aus den oben liegenden Maschengliedern der festen Maschen mit doppeltem Faden rechte Maschen herausstricken.
Maschen auf vier Nadeln verteilen und etwa 22 Runden stricken, dann abketten.

□ Bein (viermal)
3 Luftmaschen zum Ring schließen und in 3 Runden die Maschenzahl auf 15 erhöhen.
In Grau rund weiterhäkeln bis etwa 22 cm erreicht sind.

Fertigstellung
Beine und Rumpf ganz locker mit Watte füllen.
Oberhalb des letzten gehäkelten rosa Streifens einen Faden einreihen, zusammenziehen und vernähen, so entsteht der Hals.
Die Beine zunähen und an dem Körper befestigen.
Den Kopf mit Watte füllen und zunähen.
Um die grauen Ohren anzusetzen, wird in die 4. Masche vom Rand aus eingestochen und in dieses Loch 3 feste Maschen gehäkelt.
Arbeit wenden, 1 feste Masche in den Rand häkeln, dann 2 feste Maschen, 3 feste Maschen in die mittlere Masche der Vorreihe, 2 feste Maschen, 1 feste Masche in den Rand.
Arbeit wenden, 3 feste Maschen, 3 feste Maschen in die mittlere Masche der Vorreihe, 3 feste Maschen, 1 feste Masche in den Rand, wenden usw., bis Ohr und Kopfrand glatt abschließen.

Das andere Ohr ebenso arbeiten.
Für den Schwanz 30 Luftmaschen mit doppeltem Faden anschlagen, eine Reihe feste Maschen häkeln und den Schwanz annähen.
Die Augen in Grau mit doppeltem Kreuzstich aufsticken.
Für die ebenfalls grauen Barthaare 6 Fäden aufsticken.
Die kleine Nase mit pinkfarbenem Garn aufsticken.

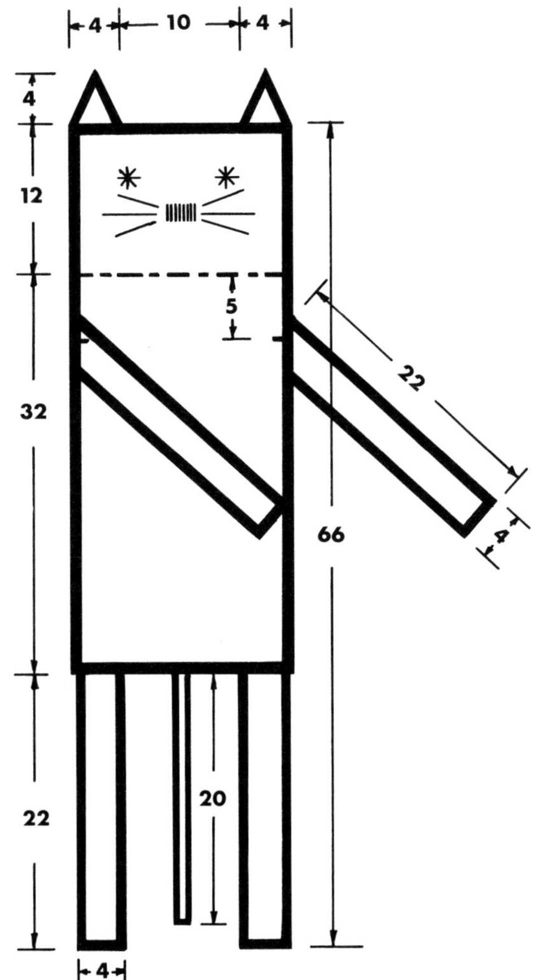

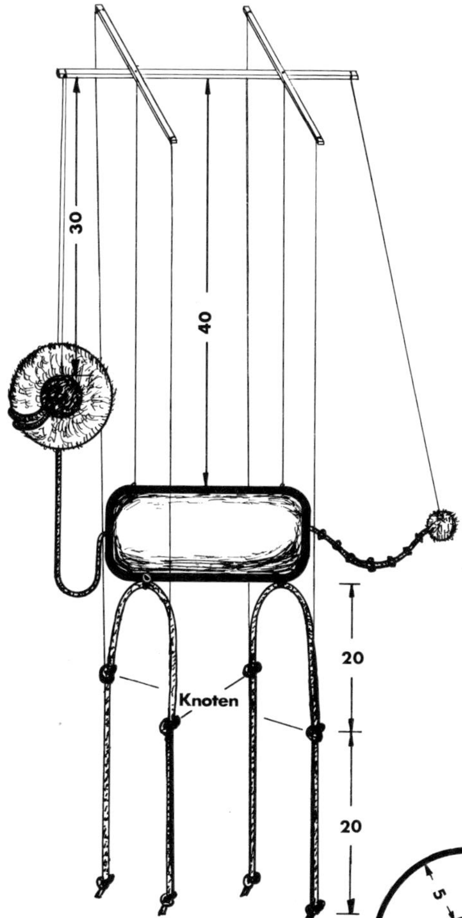

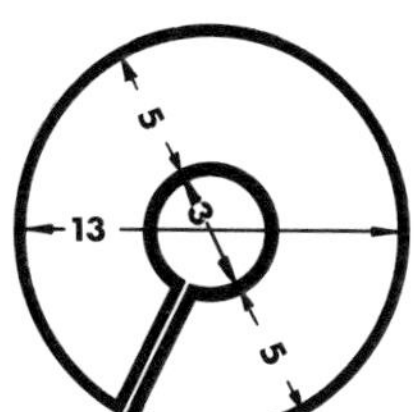

Pappscheibe für Ponpon-Kopf 2x

Stelzi, die Marionette

Material
Wollreste in Hellgrün und Dunkelblau, 50 g rote Patons-Wolle »Convay«, Watte zum Ausstopfen, Pappe, Strickliesel oder Strickmühle von Inox, 1–2 cm breite und 60 cm lange Holzleiste, farblose Nylonschnur, Häkelnadel Nr. 6.

Ausführung
Über 40 Luftmaschen mit doppeltem Faden in einem beliebigen Muster einen Schlauch von 20 cm Länge und etwa 28 cm Umfang häkeln.
Durch die abgeketteten Randmaschen einen Faden reihen und das Loch fest zuziehen.
Den Schlauch mit Watte füllen und das andere Ende schließen.

□ Kopf
Zwei gleiche Pappscheiben von 13 cm Durchmesser und 3 cm großem Mittelloch schneiden.
Über diese doppelte Pappscheibe nun einen Pompon wickeln. Er ist dann dick genug, wenn der Innenkreis ganz ausgefüllt ist.
Zunächst wird der Ring an zwei gegenüberliegenden Seiten je 5 cm breit mit dunkelblauem Garn umwickelt, das soll die Augen ergeben. Anschließend mit hellgrünem Garn weiterarbeiten.
Jetzt eine Schere zwischen die Ringscheiben schieben und die Fäden außen ringsherum aufschneiden. Den Mittelstrang so fest wie möglich abbinden und die Wollbüschel aus der Pappe lösen.

□ Beine, Hals, Lippen und Schwanz
Mit der Strickliesel einen 2,50 m langen Schlauch herstellen.
Für die Lippen 20 cm doppelt legen und von Auge zu Auge in den Pompon nähen.
Für den Hals 30 cm an den Kopf und mit dem anderen Ende an den Rumpf annähen.
Für die Beine 80 cm auf die Hälfte legen, am Bauch festnähen. Für die Knie und die Füße Knoten einknüpfen.
Der Rest des Schlauchs wird als Schwanz mit mehreren Knoten angenäht. Das Schwanzende bekommt eine kleine dunkelblaue Quaste.

Aufhängung

Die Holzleiste wird in ein 30 cm langes Stück und in zwei 15 cm lange Stücke gesägt. An den Enden bringt man kleine Kerben ein. So wie die Zeichnung es zeigt, wird aus den drei Leisten ein Fadenkreuz gefertigt.

Am Schwanz, am Rumpf, an den Knien und am Kopf je 80 cm lange Nylonfäden befestigen.

Nun die Rumpffäden als erstes genau in den Leistenkreuzungspunkten anknoten. Der Abstand zum Fadenkreuz beträgt hier etwa 40 cm.

Jetzt die Beinschnüre anbringen, und zwar so, daß die Beine im Ruhezustand nur ganz leicht angewinkelt sind. Die Fäden werden in den Kerben der Querleisten angeknotet.

Auch der Schwanz soll in Ruhestellung einen leichten Bogen machen.

Die beiden Kopffäden, die rechts und links oberhalb der Augen austreten, werden in etwa 34 cm vom Fadenkreuz abgeknotet.

Jetzt noch die überstehenden Nylonfadenreste abschneiden und einen kleinen Haken in das Fadenkreuz einschrauben, damit die Marionette daran aufgehängt werden kann.

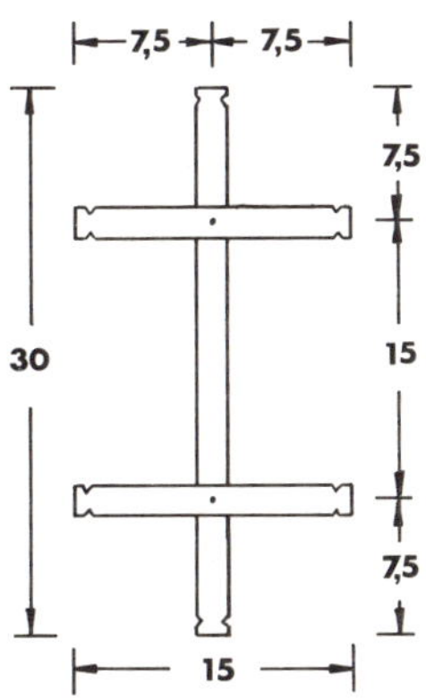

Fadenkreuz

Schweinchen Rosa

Material
80 cm rosafarbener Cordsamt, 90 cm breit; 2 Wäscheknöpfe, Acrylwatte oder Holzwolle zum Ausstopfen, Blumendraht.

Ausführung
Die Teile nach Schnittmuster plus Nahtzugabe zuschneiden. Achten Sie darauf, daß die Cordstreifen in Längsrichtung liegen.
Die Bauchnaht schließen. Vorder- und Rückplatte so einsetzen, daß die Cordstreifen jetzt quer zur Bauchnaht verlaufen.
Durch belassene Öffnung den Stoff wenden und den Körper prall ausstopfen.
Die Naht ganz schließen und die Kanten schmal absteppen.
Die Ohrteile rechts auf rechts nähen, verstürzen, schmalkantig absteppen und jeweils fest annähen.
Nun den Rüssel ebenso nähen, leicht ausstopfen und mit zwei Kreuzstichen befestigen.
Die Knopfaugen aufnähen.
Einen 50 cm langen und 4 cm breiten Stoffstreifen längs falten, einen Draht einlegen, absteppen und das Schwänzchen annähen, dann in Form biegen.
Die vier Beinchen werden auch prall gefüllt, schmalkantig abgesteppt und unsichtbar an den eingezeichneten Stellen angenäht.

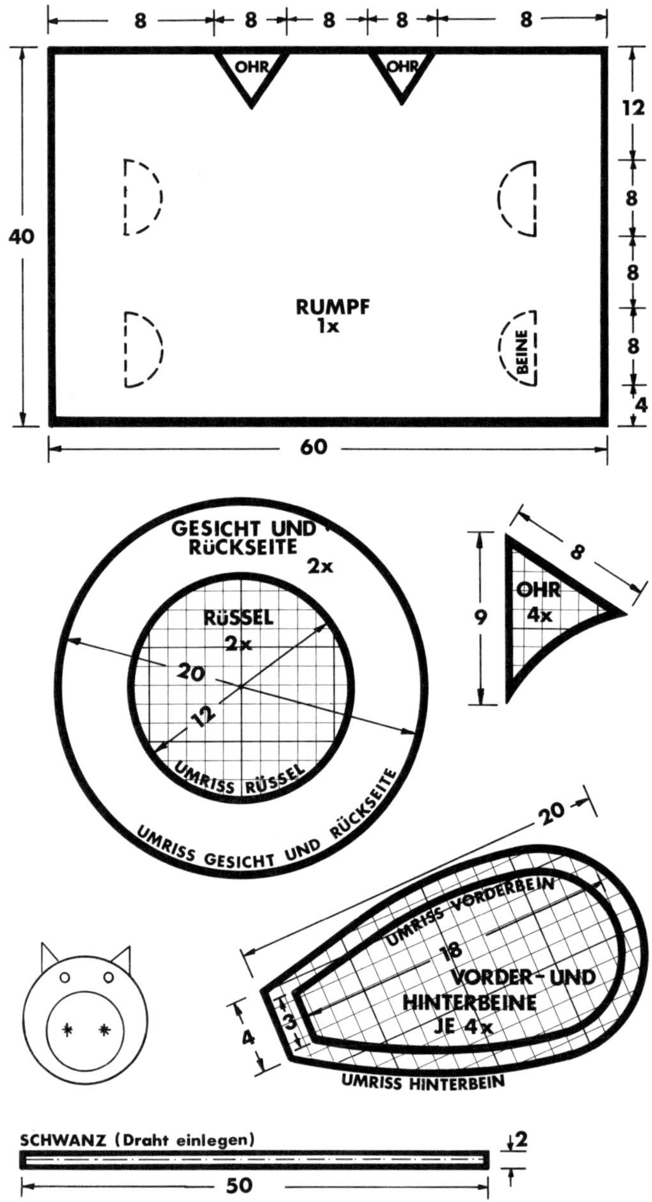

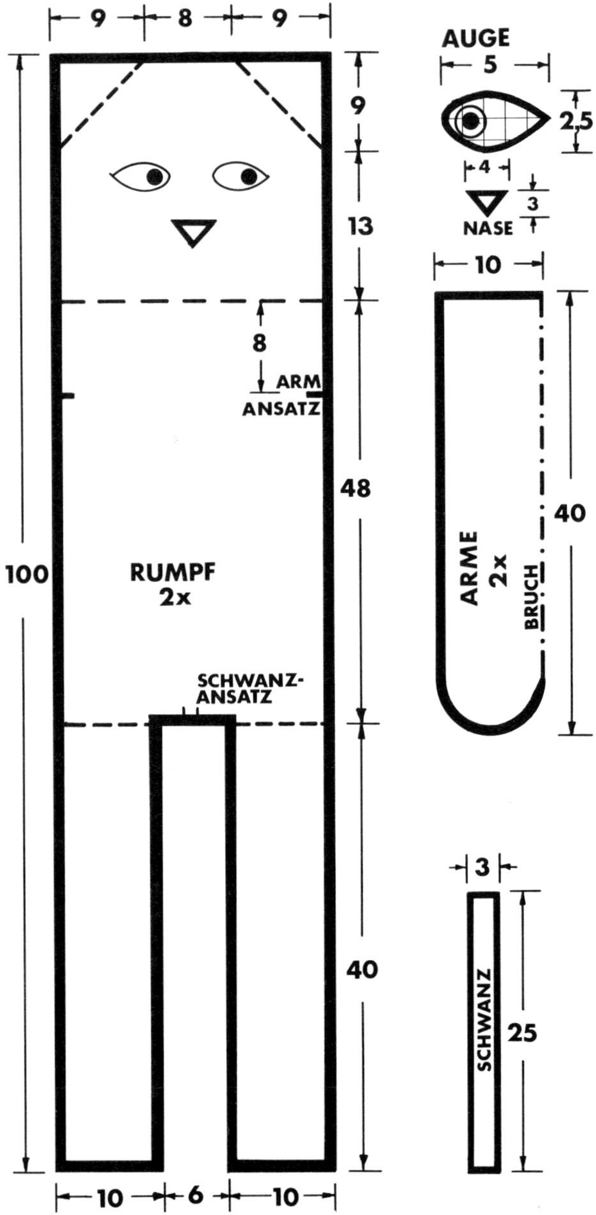

Kater Schnurrdiburr

Material

1,10 m gestreiftes Leinen oder Baumwolle, 90 cm breit liegend, Acrylwatte zum Ausstopfen, Plastikaugen mit 25 mm Durchmesser (Knorr), Wachstuchreste.

Ausführung

Den Rumpf laut Schnittmusterangaben zweimal zuschneiden, die Nähte bis auf eine Öffnung schließen und den Stoff wenden.
Zunächst die Beine locker ausstopfen und mit einer Steppnaht vom Rumpf trennen.
Den Bauch mit Watte füllen.
An der Halsstelle einen Faden einreihen und zusammenziehen. Darüber ein Halsband oder eine Schleife nähen.
Den Kopf ausfüllen und die Nähte für die Ohren absteppen. Watte hineingeben und den Kopf schließen.
Den Stoff für die Arme zuschneiden, nähen, ausstopfen und am Rumpf mit festen Stichen befestigen.
Den Schwanz nähen, aber nicht ausfüllen und anbringen.
Aus Wachstuch entsprechend der gezeichneten Form zuschneiden und aufnähen. Darauf die Plastikaugen kleben.
Einige 12 cm lange Streifen aus Wachstuch schneiden, bündeln und als Bart aufnähen.
Das Nasendreieck ausschneiden und über der Mitte der Barthaare befestigen.

Butterfly, der Schmetterling

Material

Baumwollstoffreste in verschiedenen, zueinander passenden Mustern und Farben. Bei fünf, je 90 cm breit liegenden Stoffen werden je 50 cm benötigt. Acrylwatte zum Ausstopfen, ein Rest Jerseystoff in Weiß, 2 blaue Knöpfe mit 20 mm im Durchmesser.

Ausführung

Die Stoffe in 20 cm große Quadrate inklusive Nahtzugabe schneiden. Die Quadrate zunächst zu Streifen und dann zur Fläche zusammennähen. Ober- und Unterseite sind gleich gemustert, der Rumpf und der Kopf sind aus einem Stoff.

Die entstandenen Stoffflächen mustergleich aufeinanderlegen und die Schmetterlingsform nach Schnittmusterzeichnung zuschneiden. Sie können sich auch eine Vollschablone anfertigen.

Die Teile rechts auf rechts zusammennähen und durch die belassene Öffnung wenden.

Nun die Watte flach einlegen und die Flügel entlang der Quadrate absteppen, ebenso unterhalb des Kopfes.

Schließen Sie jetzt die Öffnung mit Hohlstichen und steppen rings um die Flügel und das Schwanzende $1/2$ cm vom Rand ab.

Für die Augen aus dem Jerseystoff zwei runde Scheiben im Durchmesser von 7 cm schneiden und unter die Knöpfe legen. Beides aufnähen.

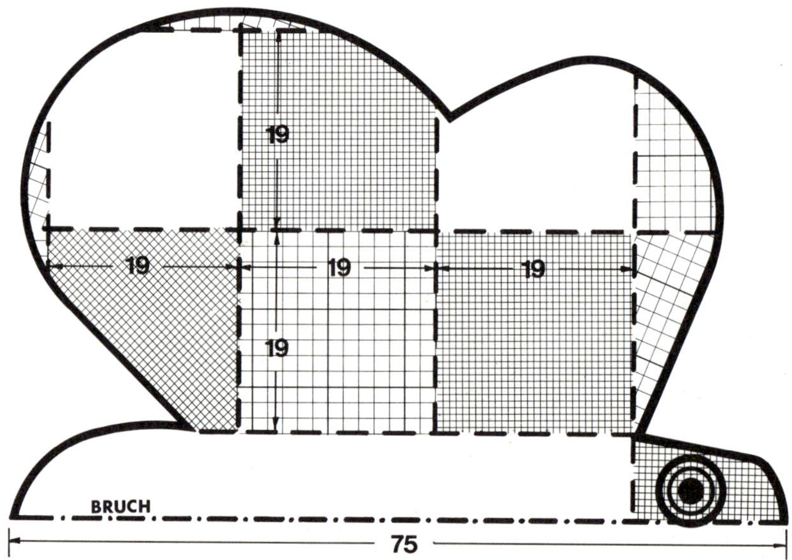

Schlaf-Schaf

Material
100 g Schoeller-Wolle »Persiana« in Weiß, Stricknadeln Nr. 7, blaues und rosafarbenes Wollstickgarn, 40 cm bunte Borte, Acrylwatte.

Muster
Kraus rechts stricken.

Ausführung
40 Maschen anschlagen und 12 Reihen kraus rechts stricken.
Jetzt rechts und links je 10 Maschen abketten und über den mittleren Maschen 10 Reihen stricken.
Wieder rechts und links je 10 Maschen anschlagen und über den 40 Maschen 10 Reihen stricken.
Danach an beiden Seiten je 10 Maschen abketten und über den mittleren Maschen 20 Reihen stricken, abketten.
Nun wird das Formteil zusammengenäht. Zuerst B und C aufeinanderlegen und die Naht schließen.
Dann A auf B und zunähen, ebenso C auf D. Jetzt die eingezeichneten Linien für die Ohren absteppen. Den Kopf mit Watte füllen.
Für die Vorderbeine E auf F legen und die Naht schließen, ebenso G auf H.
Das Gleiche bei den Hinterbeinen ausführen: I auf K und L auf M legen und die jeweiligen Nähte schließen.
Für das Hinterteil N auf O legen und senkrecht bis zu den Beinen zunähen.
Die Beine mit Watte füllen, dann den Rumpf ausstopfen und die mittlere Naht schließen.
Die Augen in Blau aufsticken, die Nase in Rosa. Um den Hals eine Borte binden und eventuell ein kleines Glöckchen anknoten.

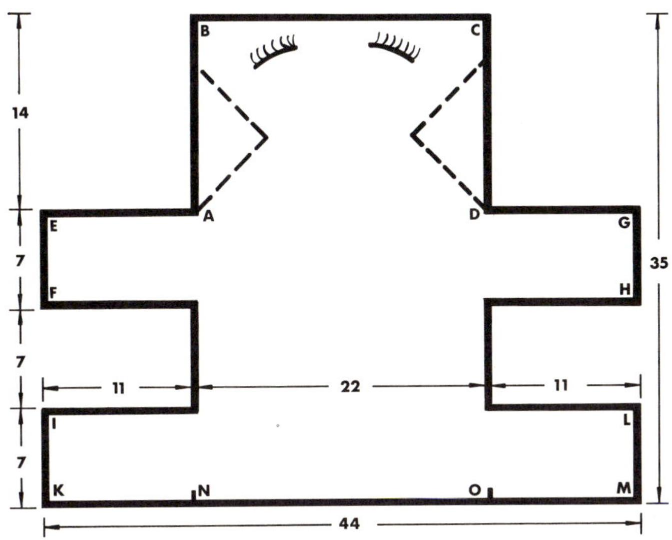

Maskott, das Häschen

Material
MEZ-Garn »Blaue Tulpe«: 50 g in Gelb und 50 g in Orange, Perlgarn in Blau, Häkelnadel Nr. 2,5; Watte.

Muster
Feste Maschen häkeln.

Ausführung
Den Kopf in Gelb arbeiten. 3 Luftmaschen zum Ring schließen.
1. Runde: 6 feste Maschen in den Ring einstechen.
2. Runde: in jeder 2. Masche 1 Masche zunehmen.
3. Runde: in jeder 3. Masche 1 Masche zunehmen.
4. Runde: in jeder 4. Masche 1 Masche zunehmen.
5. Runde: in jeder 5. Masche 1 Masche zunehmen.
2 Runden ohne Zunahmen arbeiten und dann im gleichen Rhythmus abnehmen wie zugenommen wurde.
Nach der vorletzten Runde den Kopf mit Watte ausstopfen, dann schließen.
Die Ohren werden in Orange gehäkelt. Eine Kette aus 10 Luftmaschen bilden.
1. Reihe: 9 feste Maschen, in die letzte Masche 3 feste Maschen, dann auf der anderen Seite des Anschlags weiter 9 Maschen häkeln. Arbeit wenden.
2. Reihe: feste Maschen bis zur mittleren Masche der Vorreihe, hier wieder 3 feste Maschen arbeiten und dann zurück zum Anfangspunkt häkeln.
Das zweite Ohr genauso fertigen.
Den Rumpf in Orange häkeln. 3 Luftmaschen zum Ring schließen. Innerhalb von 6 Runden auf 20 Maschen zunehmen.
6 weitere Runden ohne Zunahmen arbeiten.
Die Watte einfüllen und in 4 Runden auf Null abnehmen. Den Rumpf zunähen.
Die Arme und Beine werden wieder gelb. Für die Arme jedesmal 5 Luftmaschen zum Ring schließen und darüber 6 Runden feste Maschen häkeln.
Für die Beine je 15 Luftmaschen anschlagen, zum Ring schließen und darüber 3 Runden feste Maschen häkeln.
4. Runde: jede 2. Masche überspringen.
5. und 6. Runde: feste Maschen.
7. Runde: 3 Maschen in die vordere mittlere Masche, in der hinteren Mitte 2 Maschen überspringen.
8. Runde: feste Maschen und wieder in der hinteren Mitte 2 Maschen überspringen.
Beinchen mit Watte füllen und die letzten Maschen zusammenhäkeln.

Fertigstellung
Die Ohren auf dem Kopf in der Mitte annähen, dann die Arme und Beine sowie den Rumpf zusammenfügen.
In Blau runde Augen und ein dreieckiges Näschen aufsticken. Unter dem Näschen fünf Barthaare durchziehen.

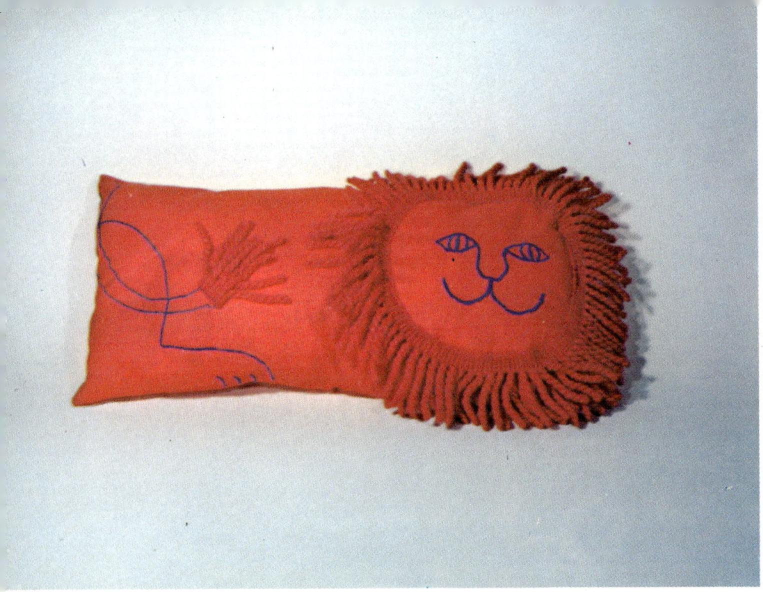

Leu, der Kuschellöwe

Material

75 cm rotes Halbleinen, 1,30 m rote, 8 cm breite Wollfransenborte, 25 × 50 cm großes Kissen als Füllung, blaue Nähseide.

Ausführung

Den Stoff nach Schnittmuster zuschneiden.
Die Gesichtszüge mit der Schneiderkreide auf den Stoff übertragen und die Linien mit breitem, ganz eng gestellten Zick-Zack-Stich in Blau steppen.
Anschließend die Fransenborte doppelt als Löwenmähne entsprechend der Zeichnung aufnähen. Auch das Schwanzbüschel doppelt legen.
Die Seitennähte schließen und eventuell einen Reißverschluß einsetzen.
Das Kissen in die Hülle stecken.

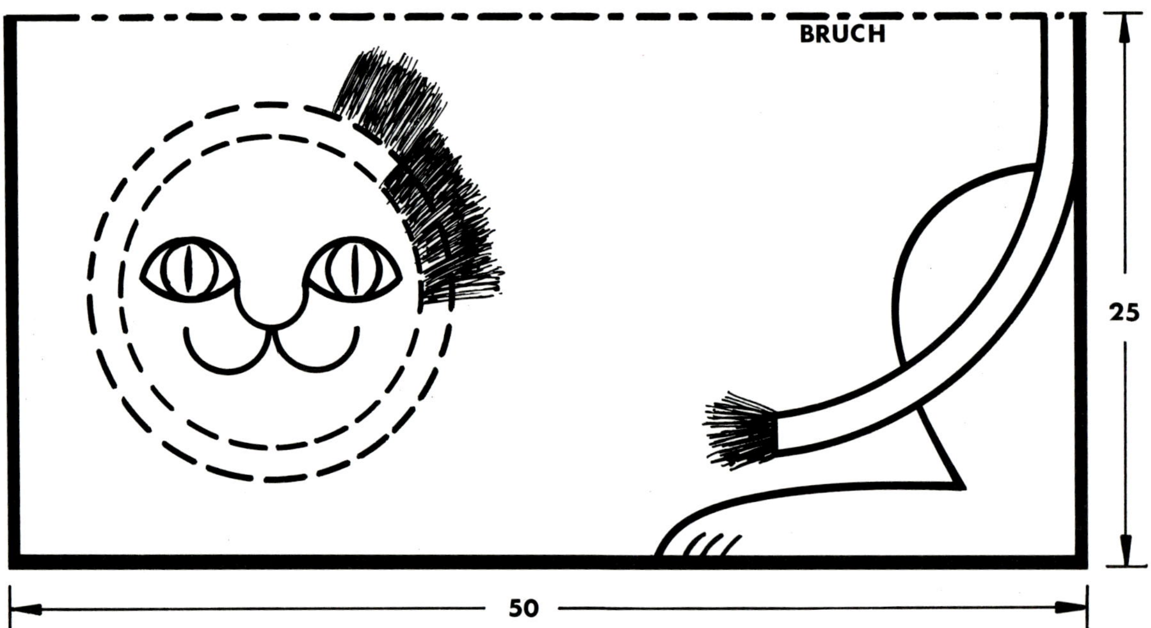

Familie Maus

Material
Phildar-Wolle »Pronostic«: 2 Knäuel in Natur; je ein Knäuel in Petrol, Lindgrün, Rosa, Rot, Hellblau und Schwarz; Häkelnadel Nr. 3, Stricknadel Nr. 3, Strickliesel, 5 Knöpfe, Watte zum Ausstopfen.

Muster
Glatt rechts, kraus rechts und glatt rechts gestreift stricken, Würfelmuster; feste Maschen und Stäbchen häkeln.

Ausführung Mäusevater
90 Maschen in Petrol anschlagen und 12 Reihen kraus rechts stricken, dabei in der 8. und 12. Reihe an beiden Seiten 1 Masche abnehmen. Dann 2 Reihen glatt rechts und 24 Reihen in Kraus rechts gestreift – 2 Maschen in Petrol und 2 Maschen in Lindgrün abwechselnd – arbeiten, dabei in der 20. und 32. Reihe an beiden Seiten 1 Masche abnehmen.
In der 39. Reihe in Lindgrün glatt rechts weiterstricken und in der 40. 44. 46. 50. und 52. Reihe je 2 Maschen an beiden Seiten abnehmen. Ab der 53. Reihe glatt rechts in Natur stricken, dabei so stark mindern, daß die stumpfe Spitze des Kopfes entsteht. Die restlichen 10 Maschen locker abketten.

□ Arm (zweimal)
22 Maschen in Natur anschlagen.
10 Reihen glatt rechts stricken.
Dann 30 Reihen glatt rechts in Lindgrün stricken.
In der 40. Reihe einen Faden durch die Maschen ziehen.

□ Unterseite
In Petrol 4 Luftmaschen zum Ring schließen.
1. Runde: 8 feste Maschen in den Ring häkeln.
2. Runde: 2 feste Maschen in jede Masche der Vorrunde.
3. Runde: in jede 2. Masche der Vorrunde 2 feste Maschen, sonst immer 1 Masche.
4. Runde: feste Maschen.
5. Runde: in jede 3. Masche der Vorrunde 2 feste Maschen.
6. Runde: in jede 4. Masche der Vorrunde 2 feste Maschen.
7. Runde: in jede 5. Masche der Vorrunde 2 feste Maschen.
8. Runde: feste Maschen.
9. Runde: in jede 6. Masche der Vorrunde 2 feste Maschen.
10. Runde: in jede 7. Masche der Vorrunde 2 feste Maschen.
11. Runde: in jede 8. Masche der Vorrunde 2 feste Maschen.
12. Runde: in jede 12. Masche der Vorrunde 2 feste Maschen.
13. Runde: in jede 13. Masche der Vorrunde 2 feste Maschen.
14. Runde: feste Maschen. Dann aufhören.

▶

□ Ohr (zweimal)
In Schwarz 3 Luftmaschen zum Ring schließen.
1. Runde: 6 feste Maschen in den Ring häkeln.
2. Runde: in jede Masche der Vorrunde 2 feste Maschen.
3. Runde: in jede 2. Masche der Vorrunde 2 feste Maschen.
4. Runde: feste Maschen.
5. Runde: in jede 3. Masche der Vorrunde 2 feste Maschen.
6. Runde: in jede 4. Masche der Vorrunde 2 feste Maschen.
7. Runde: in jede 5. Masche der Vorrunde 2 feste Maschen.
8. Runde: in jede 9. Masche der Vorrunde 2 feste Maschen.
9. Runde: feste Maschen.

□ Träger (zweimal)
In Schwarz 6 Maschen anschlagen und 30 Reihen kraus rechts stricken.
In der 31. Reihe die 3 linken Maschen stillegen, über den anderen 3 Maschen weiterarbeiten und rechts 1 Masche zunehmen.
4 Reihen stricken, die Maschen locker abketten.
Die linken Maschen wieder aufnehmen, 1 Masche zunehmen.
4 Reihen stricken und locker abketten.

□ Schlips
In Schwarz 7 Maschen anschlagen und 18 Reihen kraus rechts stricken.
In der 19. Reihe an beiden Seiten 1 Masche zunehmen und 35 Reihen arbeiten.
Dann an beiden Seiten dreimal 1 Masche abnehmen, einen doppelten Überzug arbeiten und aufhören.

▶

□ Schwanz
Mit der Strickliesel in Petrol 35 cm arbeiten.

Fertigstellung
Körperteil auf die Hälfte legen und zusammennähen.
Mit Watte ausstopfen.

Das Unterteil mit 1 Reihe fester Maschen an das Körperteil anhäkeln.
Armnähte schließen, auf einer Seite ankräuseln und zusammennähen. Ausstopfen.
Die andere Seite ankräuseln und zusammennähen.
Arme, Ohren und Schwanz annähen.
Den Schlips und die Träger befestigen und die Knöpfe anbringen.
Die Augen in Schwarz aufsticken.
4 schwarze Fäden von 8 cm Länge zuschneiden und als Schnurrbart unter einigen gestrickten Maschen durchziehen.
Um den Farbunterschied zu markieren, kann man am unteren Rand der Arme und am Hals 1 Reihe Kettmaschen in Schwarz einsticken.

Ausführung Mäusemutter
Die Mutter genau wie den Vater arbeiten, nur mit Schwarz beginnen, mit Rosa weiterstricken und in Natur abschließen.
Die Arme werden in Rosa, die Ohren in Rot, die Unterseite und der Schwanz in Schwarz gearbeitet.

□ Rock
122 Maschen anschlagen.
Kraus rechts stricken: 2 Reihen in Rot, 2 Reihen in Rosa, 2 Reihen in Rot, 2 Reihen in Rosa, 2 Reihen in Rot.
Im Würfelmuster dreimal versetzt weiterstricken: 4 Maschen in Rot, 4 Maschen in Rosa abwechselnd über die ganze Reihe; nach 6 Reihen Farbfolge wechseln.
Dann in Rot: 1 Randmasche, 2 Maschen rechts, 2 Maschen zusammenstricken, 1 Umschlag, + 4 Maschen rechts, 2 Maschen zusammenstricken, 1 Umschlag +. Von + bis + insgesamt neunzehnmal wiederholen und die Reihe mit 2 Maschen rechts und 1 Randmasche beenden.
5 Reihen kraus rechts stricken und locker abketten.

□ Gürtel
Mit der Strickliesel in Rot 80 cm arbeiten.

□ Kragen
In Schwarz 65 Luftmaschen anschlagen.
5 Reihen feste Maschen häkeln.
6. Reihe: + 1 Kettmasche, 1 Masche übergehen, 5 Stäbchen in die folgende Masche, 1 Masche übergehen +. Von + bis + über die ganze Reihe wiederholen.

Fertigstellung
Rückennaht schließen, ausstopfen und das Unterteil anhäkeln.
Kragen und Knopf annähen. Mit roten Kettmaschen den Hals markieren.
Die Augen in Schwarz aufsticken und den Schnurrbart einziehen.
Die Rocknaht schließen, den Gürtel durchziehen und die Mausmutter fertig ankleiden.

Ausführung einer Mäusetochter
46 Maschen in Natur anschlagen.
6 Reihen kraus rechts und dann glatt rechts weiterstricken, dabei an den Seiten derart abnehmen, daß sich von der Basis bis zur Kopfspitze ein breitschenkeliges Dreieck von etwa 45 cm ergibt.

□ Arm (zweimal)
12 Maschen in Natur anschlagen.
Glatt rechts 6 Reihen stricken.
Dann 16 Reihen glatt rechts in Rosa.
Faden durch die Maschen ziehen.

□ Unterseite
Wie bei Vater Maus bis zur 9. Reihe in Natur.

□ Ohr (zweimal)
3 Maschen in Natur anschlagen, wie die Unterseite häkeln, in der 4. Reihe aufhören.

□ Schwanz
Mit der Strickliesel in Rosa 18 cm arbeiten.

Fertigstellung
Körperdreieck zusammennähen, ausstopfen und die Unterseite annähen.
Die Ohren und die ausgestopften Arme befestigen.
Zwei kleine Punkte in Rosa als Augen aufsticken, auf die Brust zwei untereinandergesetzte Herzchen.
Zwei schwarze Fäden als Schnurrbart einziehen.

Ausführung eines Mäusesohns
Genau wie die Tochter arbeiten, jedoch statt rosa jetzt hellblau verwenden.

Jetzt Ober- und Unterteil links auf links legen und die Kanten in Orange mit Schürzstichen umsticken.
Durch eine belassene Öffnung mit einem Trichter etwa 150 g Reis einfüllen und die Naht schließen.
Je nachdem, wie Sie nun den Reis im Frosch verteilen, läßt er sich in verschiedene Positionen setzen.

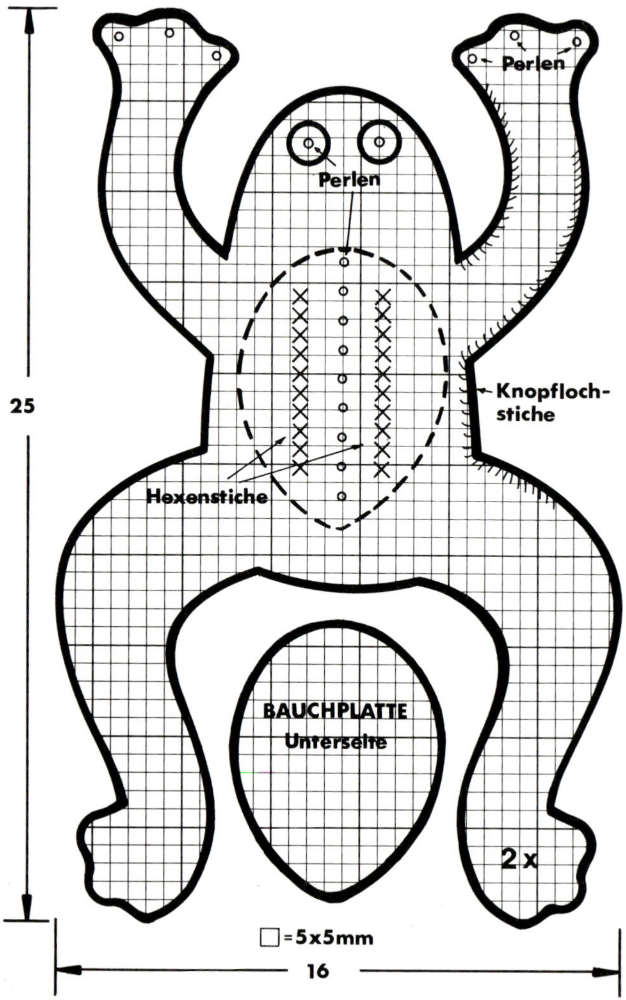

Quax, der Frosch

Material
40 x 30 cm Filz in Lindgrün, 2 organgefarbene Holzperlen mit einem Durchmesser von 15 mm, 16 kleine orangefarbene Porzellanperlen, 2 schwarze Pailletten, 2 kleine weiße Perlen, Sticktwist in Orange und Türkis, ein Rest Filz in Gelb für die Bauchplatte, Reis zum Füllen.

Ausführung
Den grünen Filz falten oder in zwei 20 x 30 cm große Stücke schneiden und die Froschform vom Schnittmuster übertragen.
Die Bauchplatte in Gelb ausschneiden und mit orangefarbenem Twist mit Schürzstichen auf die beabsichtigte Unterseite sticken.
Auf die Oberseite abbildungsgemäß die Augen aufnähen.
Auf jedem Vorderbein drei orangefarbene Perlen anbringen und auf der Rückenmitte 10.
Rechts und links neben die Perlenreihe je eine Reihe Hexenstiche in Türkis sticken.

Knuddel, der Kissenhund

Material
30 x 34 cm großes Federkissen, 40 cm blaues Halbleinen, 20 cm grünes Halbleinen, 20 cm rotes Halbleinen, Nähgarn in Grün und Blau.

Ausführung
Teile laut Schnitt zuschneiden.
Ohren, Schwanz und Beine rechts auf rechts nähen und verstürzen.
Die Gesichtskonturen und das rote Halsband mit breitem ganz eng gestelltem Zick-Zack-Stich auf die Vorderseite des Kissenbezugs aufsteppen.
Jetzt Vorder- und Rückseite rechts auf rechts legen, die Beine, Ohren und den Schwanz zwischenfassen und die Nähte ringsherum bis auf eine Öffnung schließen.
Den Bezug auf rechts wenden und die Ohren mit wenigen Stichen in der richtigen Lage fixieren.
Das Federkissen einfüllen und die letzte Naht schließen. Es kann auch ein Reißverschluß eingesetzt werden.

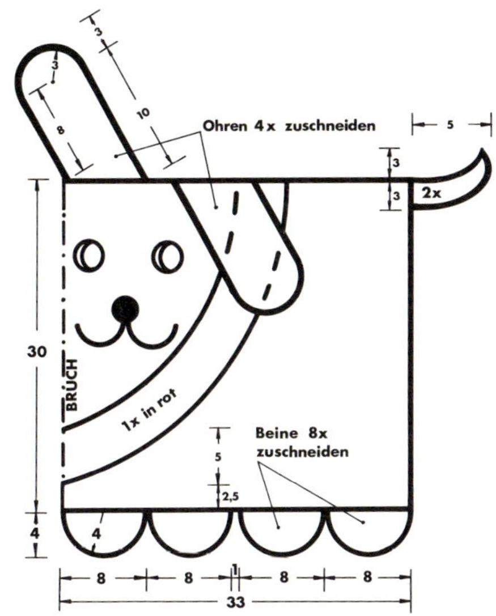

Maja, die flotte Biene

Material

100 g Schoeller-Wolle »Jubilate« mit der Farbbezeichnung »mode«, Esslinger-Wolle »Geisha«: je 50 g in Gelb, in Schwarz und in Natur, einige braune, rote, weiße und schwarze Fäden für das Gesicht und die Fühler, je eine Häkelnadel Nr. 3,5 und 4,5; 2 cm starke Schaumstoffplatte 30 x 60 cm, Füllwatte oder Schnipsel, 90 cm Sisaldraht im Durchmesser 8 mm für den Körper und 70 cm für die Flügel, zweimal 25 cm Blumendraht für die Fühler.

Muster

Feste Maschen und Stäbchen häkeln.

Ausführung

Nach der Schemazeichnung einen Papierschnitt anfertigen und die Schaumstoffteile danach zuschneiden: den Kopf mit dem Rumpf zweimal, die Arme und Beine je viermal. Kanten abschrägen.

Ein Kopf-Rumpfteil flach auf den Arbeitstisch legen und die Schlinge des umgebogenen Sisaldrahtes in der Mitte des Kopfes annähen. Den Draht ferner am Hals und am Rumpf befestigen, für die Beine hängt er lose herab.

Das zweite Kopf-Rumpfteil auflegen, die Kanten zusammennähen und Kopf und Rumpf – nicht zu prall – ausstopfen.

Für die Arme jeweils zwei abgeschrägte Teile zusammennähen und ausstopfen.

Für die Beine den aus dem Körper herausragenden Sisaldraht zwischen die Schaumstoffteile legen und die Drahtfüße formen. Die Kanten nähen, ausstopfen und die Füße nach vorne biegen.

Nachdem die Körperfüllung so hergestellt ist, beginnt man mit dem Behäkeln. Für den Kopf in modefarbener Wolle 2 leicht gewölbte Tellerformen von 13 cm Durchmesser in festen Maschen häkeln, über der Schaumstoffüllung zusammennähen.

Für den Rumpf mit doppeltem Faden in der Flauschwolle »Geisha« gelbe und schwarze Streifen – 1 Reihe feste Maschen, 1 Reihe Stäbchen, 1 Reihe feste Maschen – häkeln. Mit 6 Maschen am Vorderteil unten beginnen, in der nächsten und übernächsten Reihe jeweils 3 Maschen an beiden Seiten zunehmen.

Die Häkelei muß der Schnittform und dem Körper entsprechend ausgeführt werden, an der Schulter jeweils zweimal 2 Maschen abnehmen.

Für die Arme mit modefarbener Wolle 4 Luftmaschen anschlagen und zum Ring schließen. In den ersten vier Runden auf 17 Maschen zunehmen.

Rund um die Form weiterhäkeln und dabei gleich die Hände etwas formen.

Dann die Arme in Runden gerade hoch häkeln.

Die Beine ebenso arbeiten, jedoch in den ersten Runden auf 18 Maschen zunehmen.

Nach etwa 4 cm eine kleine Ferse aus 9, 7, 5, 3 Maschen in Hin- und Herreihen einhäkeln.

Fertigstellung

Die Arme und Beine körpergerecht annähen.

Als Haare den Kopf mit 10 cm langen doppelten Fäden in Gelb beknüpfen.

Die Fühler werden je 10 cm lang aus brauner Wolle gehäkelt und am Ende mit kleinen Quasten versehen.

Dann wird ein Blumendraht eingeführt und die Fühler über den Augen am Haaransatz angenäht.

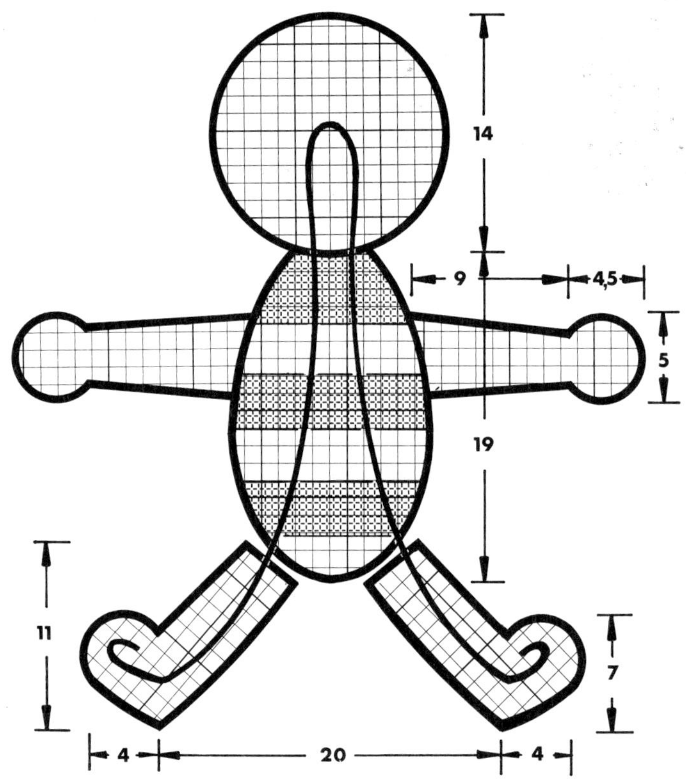

Das Gesicht entsprechend der Schnittmusterzeichnung aufsticken. Für die Flügel den Sisaldraht zurechtbiegen und mit Stäbchen in der naturfarbenen Flauschwolle behäkeln. Die Flügel am Rücken der Biene befestigen.

KOPF
(sticken)

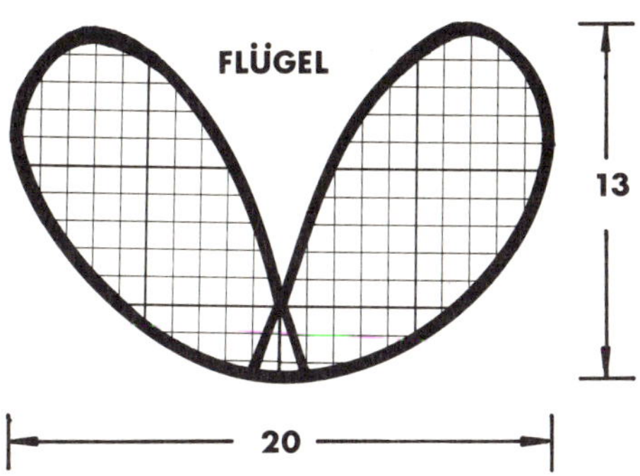

Besuch vom Nil: Kleines und großes Krokodil

Kleines Krokodil

Ungefähr 86 cm lang.

Material

Schoeller-Wolle »Jubilate«: 150 g in Dunkelgrün, 150 g in Orange, 100 g in Giftgrün, je 50 g in Schwarz, in Gelb und in Weiß, Häkelnadel Nr. 3,5 - 4, 40 x 115 cm einer 2 cm starken Schaumstoffplatte, Füllwatte oder Schnipsel, 70 cm Sisaldraht mit einem 8 mm Durchmesser.

Muster

Den Rücken im Bogenmuster aus Stäbchen häkeln wie die Häkelschrift es zeigt.

Den Kopf in festen Maschen arbeiten.

Den Bauch in folgendem Grundmuster häkeln: Luftmaschen anschlagen, in die 3. Luftmasche einstechen und den Faden holen, der Faden bleibt auf der Nadel, in die nächste Luftmasche einstechen und den Faden holen, mit 1 Luftmasche den Faden durch alle drei Schlingen ziehen, diese Doppel-Masche mit einer Luftmasche beenden, das Ganze wiederholen. In den weiteren Reihen liegt eine Doppel-Masche immer über einer Doppel-Masche der Vorreihe, also nicht versetzt.

Ausführung

Nach der Schnittmusterzeichnung einen Papierbogen in Originalgröße zuschneiden, auf die Schaumstoffplatte legen und Körper und Maul sowie das Maulinnere je zweimal ausschneiden.

Die Kanten abschrägen und die Seitennähte schließen.

Eine der Form angepaßte Schlinge aus Sisaldraht in den Oberkiefer einlegen und festnähen.

Den Körper mit Watte oder Schnipseln ausfüllen und die Maulinnennaht schließen.

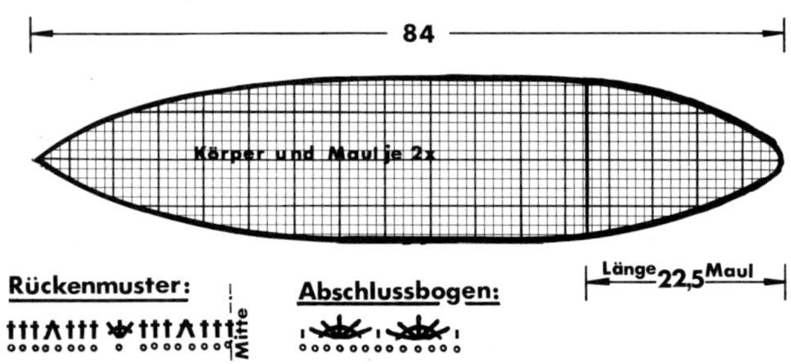

Nun den Körper behäkeln. Den Bauch in Orange im Grundmuster arbeiten und dabei laufend anprobieren. Die seitlichen Stufen des Zu- und Abnehmens werden mit der Naht abgenäht.

Ebenfalls im Grundmuster in Gelb das obere und untere Maulinnenteil häkeln.

Der Kopf wird in Dunkelgrün gearbeitet. Mit 3 festen Maschen beginnen. In jeder Reihe an beiden Seiten zunehmen bis 27 Maschen in der Reihe sind. Die Häkelei müßte dann eine Länge von ungefähr 25 cm haben.

Nun den Rücken im angegebenen Bogenmuster weiterhäkeln.

1. Reihe: feste Maschen in Giftgrün.
2. Reihe: Stäbchen in Giftgrün nach Häkelschrift.

Laufend im Wechsel 2 Reihen in Dunkelgrün und 4 Reihen in Giftgrün.

Nach 40 cm nicht nur an den Seiten, sondern auch in der Mitte des Rückens abnehmen.

Zur Schwanzspitze so verjüngen, daß das Bogenmuster möglichst lange erhalten bleibt.

Den Ober- und Unterkiefer mit 2 Reihen festen Maschen in Schwarz behäkeln.

Als Beine 4 Pompons in Dunkelgrün mit einem Durchmesser von 9 cm anfertigen.

Für die Augen je 3 Luftmaschen anschlagen, zum Ring schließen.

In den Kreis 6 feste Maschen häkeln.

In den nächsten 4 Runden auf 28 Maschen zunehmen.

2 Runden gerade hoch häkeln.

In 2 Runden auf 14 Maschen abnehmen.

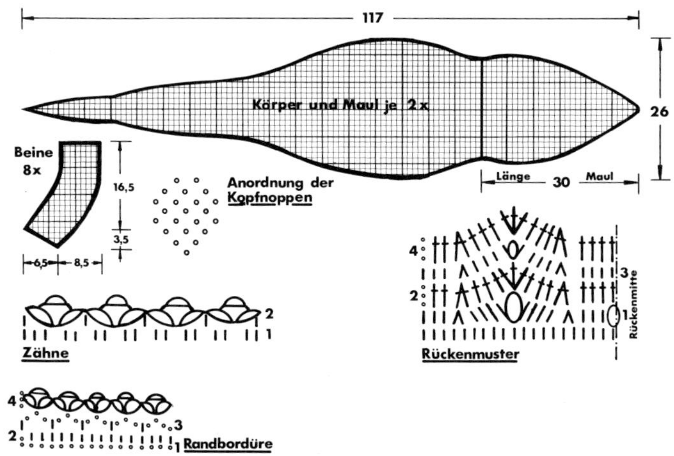

Diese Halbkugel mit rundgeschnittenem Schaumstoff ausfüllen. Die zweite Hälfte mit festen Maschen in Weiß häkeln.

Fertigstellung
Bauch- und Rückenteil bis zum Kopf über dem Schaumstoffkörper zusammennähen.
Maulteile einsetzen und die Zahnreihe in Weiß an den Ober- und Unterkiefer anhäkeln: 1 feste Masche, 3 Luftmaschen, 1 Büschelstäbchen in die 1. Luftmasche, 2 Maschen übergehen. Das Ganze wiederholen und dabei die Nähte verdecken. Im Mundwinkel die Zähne übereinandernähen.
Die seitliche Abschlußborte in Giftgrün entsprechend der Häkelschrift über eine Luftmaschenkette von 1,40 m Länge arbeiten.
In die andere Seite der Kette eine Reihe feste Maschen häkeln.
Die Borte entlang des Körpers und zu Beginn des Kopfes anbringen.
Die Augen und Füße annähen.

Großes Krokodil
Ungefähr 1,20 m lang.

Material
Schoeller-Wolle »Jubilate«: 250 g in Dunkelgrün, 150 g in Orange, 100 g in Gelb, je 50 g in Hellgrün, in Schwarz und in Weiß, Häkelnadel Nr. 3,5 – 4, 75 x 130 cm einer 2 cm starken Schaumstoffplatte, zweimal 75 cm Sisaldraht im Durchmesser 8 mm, Füllwatte oder Schnipsel.

Muster
Den Bauch und die Maulinnenteile im Grundmuster häkeln wie beim kleinen Krokodil.
Den Kopf in festen Maschen und mit Noppen.
Den Rücken siehe Häkelschrift.

Ausführung
Nach der Werkzeichnung einen Papierschnitt herstellen und die Schaumstoffteile danach zuschneiden: den Körper und das Maulinnere zweimal, für die Beine achtmal.
Alle Schaumstoffteile an den Kanten abschrägen und die Körperseitennaht schließen.

Im Ober- und Unterkiefer je eine Drahtschlinge festnähen.
Maulinnenteile aufnähen und den Körper ausstopfen.
Die Beine nähen und mit Watte füllen.
Diesen Schaumstoffkörper jetzt behäkeln. Für den Kopf in Dunkelgrün am Maul mit 3 festen Maschen beginnen.
An beiden Seiten zunehmen und immer wieder anprobieren.
Nach der 15. Reihe mit den Noppen – 3 Umschläge, 3 x Faden durchholen – in Rautenform entsprechend der gezeichneten Anordnung beginnen. In jeder 4. Reihe Noppen mit 3 Maschen Abstand häkeln.
Den Rücken im angegebenen Bogenmuster häkeln, dabei immer 1 Reihe feste Maschen nach 1 Reihe Stäbchen. Farbwechsel nach jeweils 2 Reihen Stäbchen. Die seitlichen Noppen in jeder Reihe mit festen Maschen ausführen, die mittleren nur bei Farbwechsel. Entlang des Rückens nur an den Außenkanten ab- und zunehmen, vom Ansatz der Hinterbeine auch in der Mitte abnehmen.
Der Bauch wird im Grundmuster in Orange gehäkelt. Er muß etwas schmaler sein als der Rücken.
Für das Maul werden in Gelb 2 Teile nach Schnitt im Grundmuster gehäkelt.
Auch bei diesem Krokodil den Ober- und Unterkiefer mit 2 Reihen festen Maschen in Schwarz behäkeln.
Die Augen ebenso wie die Augen des kleinen Krokodils arbeiten.
Für die Beine in Dunkelgrün je 13 Luftmaschen zur Runde schließen und darüber alle weiteren Runden in Stäbchen rund um die Form zu- und abnehmen.
Als Zehen eine Randbordüre laut Häkelschrift anbringen.
Die Vorderbeine mit kleinen Abnähern versehen und nach vorne biegen.

Fertigstellung
Nach dem Zusammennähen aller gestrickten Teile wird seitlich wieder eine Zackenborte angenäht, diesmal muß sie 2,20 m lang sein.
Eine weiße Zahnborte auf die schwarzen Kieferstreifen häkeln und die Augen oberhalb des Mundwinkels aufnähen.

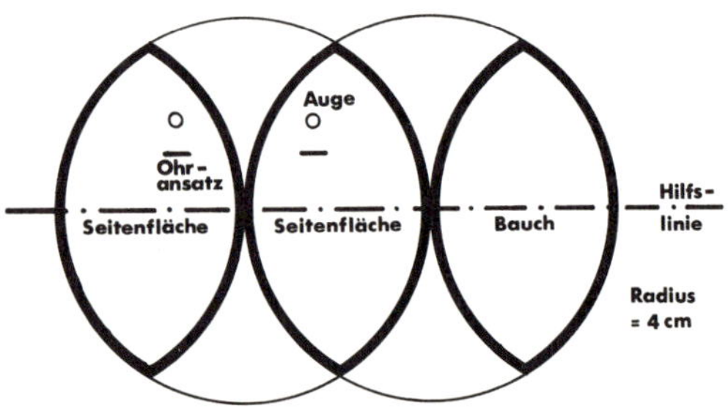

Minni, die Versteckmaus

Material
10 x 20 cm große Pappe, ein Rest rotes Halbleinen, etwas hellgrünen Filz, 2 kleine schwarze Perlen, schwarzes Baumwollhäkelgarn, Zirkel, Haushaltskleber.

Ausführung
Die Maus läßt sich in allen Größen herstellen und mit einer Öffnung im Rücken für allerlei Krimskrams verwenden.
Mit dem Zirkel einen 8 cm großen Kreis auf die Pappe zeichnen und durch den Mittelpunkt eine Hilfslinie ziehen.
Die Zirkelspitze in dem linken Schnittpunkt ansetzen und mit dem gleichen Durchmesser einen Kreisausschnitt einzeichnen, so erhält man einen ovalen Teil des Mausekörpers.
Jetzt die Zirkelspitze in den rechten Schnittpunkt einstechen und einen ganzen Kreis ziehen. Dann die beiden anderen Ausschnitte einzeichnen und die Ovale ausschneiden.
Die rechten Seiten mit Halbleinen überziehen und von links mit Filz bekleben.
Nun werden die Pappscheiben leicht gebogen und bucheckernförmig zusammengesteckt.
Zwei Seiten mit unsichtbaren Stichen aneinandernähen, die Rückennaht wird nur je zwei Zentimeter von den Spitzen ausgehend geschlossen.
Die nach dem Schnittmuster hergestellten Öhrchen befestigen und die beiden Perlen als Augen aufnähen.
5 cm lange schwarze Fäden schneiden und als Barthaare unmittelbar über der Spitze unter der Naht durch den Stoff ziehen.

Schäfchen als Zudecke

Material
100 × 130 cm weißen Teddystoff, 70 × 90 cm bunten Baumwollstoff, Füllwatte, Stickgarn in Blau und Rosa.

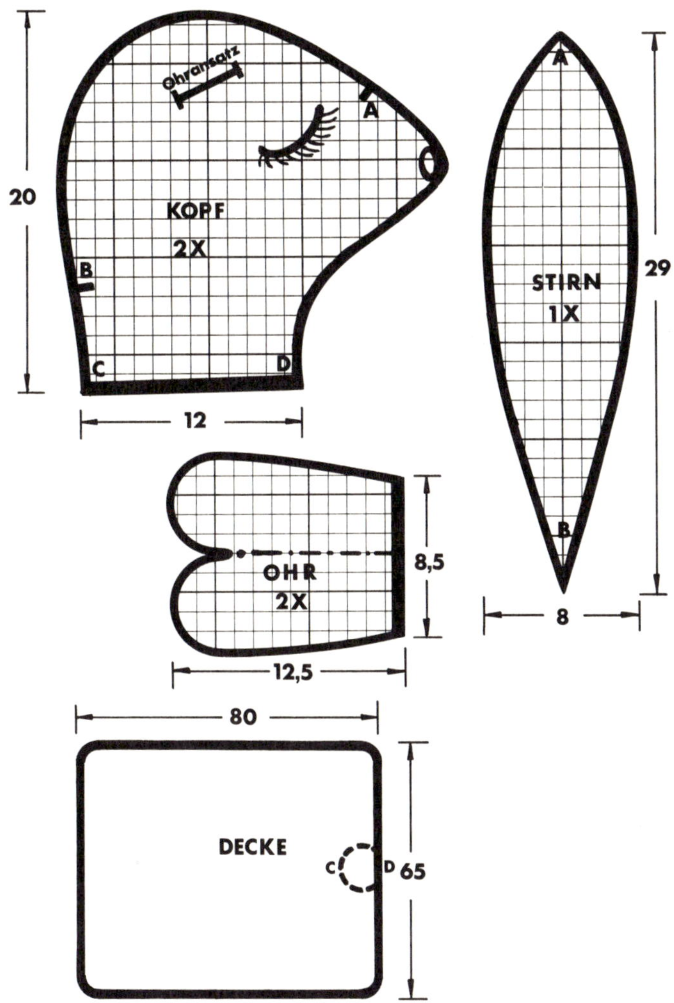

Ausführung
Die Einzelteile nach Schnittmuster zuschneiden und die Decke mit dem Baumwollstoff abfüttern. Soll die Decke noch wärmer halten, kann man zwischen Ober- und Unterstoff eine Lage Watteline einschieben.
Nun das Stirnteil buchstabengemäß zwischen die beiden Kopfplatten setzen und die Nähte schließen.
Durch die Halsöffnung wird der Kopf mit Watte ausgestopft.
Die Ohren werden nicht gefüllt. Nach dem Nähen und Verstürzen befestigt man sie mit unsichtbaren Stichen an den markierten Stellen.
Jetzt mit Stielstichen die geschlossenen Augen aufsticken, die rosafarbene Nase in Plattstich ausführen.
Der Kopf muß sehr fest auf die Decke genäht werden, damit das Baby ihn nicht losreißen kann.
Zum Schluß wird ein Streifen des Futterstoffs als Schleife um den Hals gebunden.

Putzi Bär Vater und Putzi Bär Kind

Material
Phildar-Wolle »Pegase« für den Vater und das Kind je: 1 Knäuel in Paprika, 1 Knäuel in Pfirsich, 1 Knäuel in Türkis, 1 Knäuel in Ecru, 1 Knäuel in Petrol, 1 Knäuel in Dunkelrosa; Stricknadel Nr. 4, etwas Pappe, ein Rest roten Filz, 30 x 90 cm Nessel für den Vater und 25 x 90 cm für das Kind, Füllmaterial.

Muster
Kraus rechts und glatt rechts gestrickt.

Pompon
Aus Pappe zwei gleichgroße Scheiben schneiden und Mittellöcher ausstanzen.
Die so entstandenen Pappringe aufeinanderlegen und durch das Mittelloch mit doppeltem Wollfaden umwickeln bis der Innenkreis ganz ausgefüllt ist.
Jetzt eine Schere zwischen die Ringscheiben schieben und die Fäden ringsherum außen aufschneiden.
Den Mittelstrang so fest wie möglich abbinden und die Wollbüschel aus der Pappe lösen.

Ausführung von Putzi Bär Vater
43 Maschen in Türkis anschlagen und kraus rechts je 2 Reihen türkis, 2 Reihen petrol abwechselnd stricken, insgesamt viermal.
Dann 10 Reihen glatt rechts in Pfirsich.
7 Reihen in Dunkelrosa.
In der nächsten Reihe 2 Maschen auf der linken Seite und 3 Maschen auf der rechten Seite abketten. Die restlichen 38 Maschen stillegen.
Das zweite Bein gegengleich arbeiten.
Die Beinteile nebeneinander legen und in Dunkelrosa über den 76 Maschen 7 Reihen gerade hoch stricken.
Dann 2 Reihen in Petrol und 2 Reihen in Türkis abwechselnd stricken, insgesamt sechsmal. Maschen stillegen.
Für einen Arm 34 Maschen in Pfirsich anschlagen.
Glatt rechts 12 Reihen stricken.
Dann 2 Reihen in Petrol und 2 Reihen in Türkis abwechselnd sechsmal. Mit 2 Reihen in Petrol enden. Die Maschen stillegen.
Den zweiten Arm ebenso stricken.
Auf dem Vorder- und dem Rückenteil beiderseits der mittleren 12 Maschen über 3 Maschen im Maschenstich die Träger in Dunkelrosa aufsticken.
Aus dem Nessel zweimal die Arme und je einmal das Vorder- und Rückenteil mit Nahtzugabe zuschneiden.
Die Armnähte schließen, eine Seite zukräuseln, ausstopfen und die andere Seite zukräuseln.

Die Beinnähte schließen und die beiden Teile durch die vordere Naht, die Schrittnaht und die Rückennaht verbinden.
Die Beine unten zukräuseln, wenden und ausstopfen.
Die Körpernähte schließen und ausstopfen.
Über diesen Körper die gestrickten Teile ziehen, beziehungsweise legen, die Rückennaht schließen und die Arme annähen.

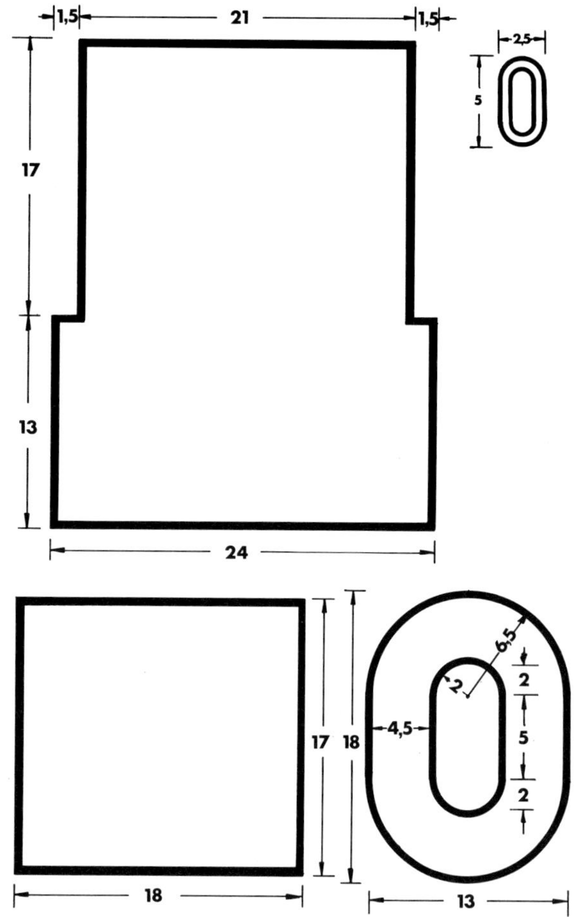

Für den Kopf einen Pompon in Paprika über 18 cm langen und 13 cm breiten ovalen Pappringen anfertigen, das Mittelloch beträgt 9 x 4 cm. Als Nase einen kleinen ovalen Pompon arbeiten.
Die Ohren bestehen aus zwei runden Pompons von je 6 cm Durchmesser in Pfirsich.
Für die Augen werden die im Durchmesser 2,5 cm großen Pompons zur Hälfte in Pfirsich und zur anderen Hälfte in Ecru gewickelt.

Fertigstellung
Die Pompons annähen, als Zunge ein Stück roten Filz anbringen und den Kopf auf den Rumpf setzen.

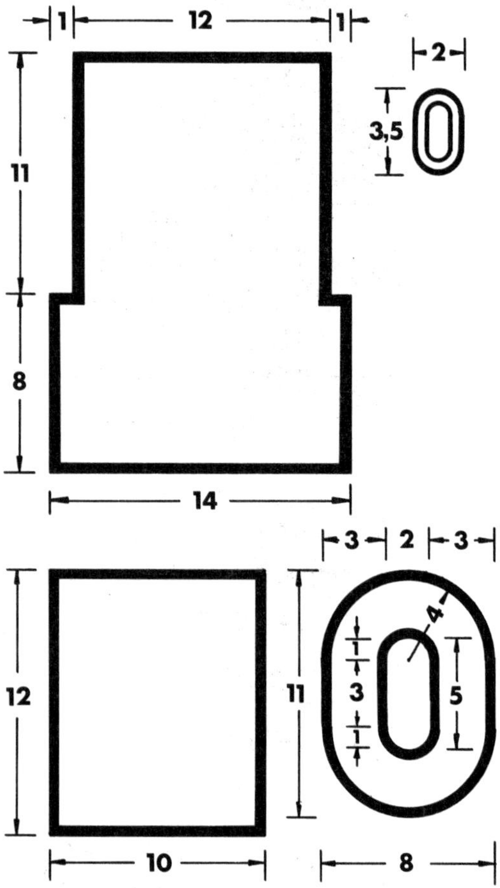

Ausführung Putzi Bär Kind
22 Maschen in Petrol anschlagen und kraus rechts 4 Reihen in Petrol, 2 Reihen in Türkis, 2 Reihen in Petrol, 2 Reihen in Türkis 2 Reihen in Petrol stricken.
Anschließend glatt rechts 6 Reihen in Pfirsich und 6 Reihen in Dunkelrosa arbeiten. Maschen stillegen.
Zweites Bein genauso arbeiten.
Die Beinteile nebeneinander auf die Nadeln nehmen, an beiden Seiten 2 Maschen und die mittleren 2 Maschen für die Naht abnehmen.
Über den restlichen 38 Maschen 6 Reihen in Dunkelrosa, dann 14 Reihen in Türkis stricken. Die Maschen stillegen.
Für die Träger je 2 Maschen zu beiden Seiten der 6 mittleren Maschen in Dunkelrosa mit Maschenstich besticken.
16 Maschen in Pfirsich anschlagen und glatt rechts 10 Reihen stricken, dann 14 Reihen in Türkis.
Als Kopf in Paprika einen ovalen 11 cm langen und 8 cm breiten Pompon herstellen.
Die Nase wird 3,5 cm lang und 2 cm breit in Pfirsich gearbeitet.
2 runde Pompons von je 4 cm Durchmesser in Pfirsich für die Ohren wickeln.
Für die Augen 2 runde Pompons von 2 cm Durchmesser halb in Ecru und halb in Pfirsich arbeiten.

Fertigstellung
Genau wie den Bärenvater.

Für jeden etwas...

Praktische Gebrauchsbücher stehen Ihnen, lieber Leser, mit Rat und Information zur Seite, wenn es darum geht, Fragen des täglichen Lebens zu beantworten.
Die hervorragende Sachkenntnis und die verständliche Sprache unserer Fachautoren sind ebenso selbstverständlich wie die sorgfältige Ausstattung unseres großen Buchprogramms. Damit bietet Ihnen der Falken-Verlag Bücher zum Lesen und Nachschlagen, mit denen Sie Ihr Leben aktiv und erfolgreich gestalten können.

Trockenblumen und Gewürzsträuße
(Best.-Nr. 5084) DM 9,80

Kleingebäck
(Best.-Nr. 5089) DM 9,80

Phantasieblumen
(Best.-Nr. 5091) DM 9,80

Brotspezialitäten
(Best.-Nr. 5088) DM 9,80

Raffinierte Steaks
(Best.-Nr. 5043) DM 9,80

Schmuck und Objekte aus Metall und Email
(Best.-Nr. 5078) DM 16,80

Spanische Küche
(Best.-Nr. 5037) DM 9,80

Zugeschaut und mitgebaut 1 – 4
(Best.-Nr. 5031, 5061, 5077, 5093)
je DM 14,80

Kalte Happen und Partysnacks
(Best.-Nr. 5029) DM 9,80

Gemüse und Kräuter
(Best.-Nr. 5024) DM 9,80

Hobby Holzschnitzen
(Best.-Nr. 5101) DM 14,80

Kinder lernen spielend kochen
(Best.-Nr. 5096) DM 9,80

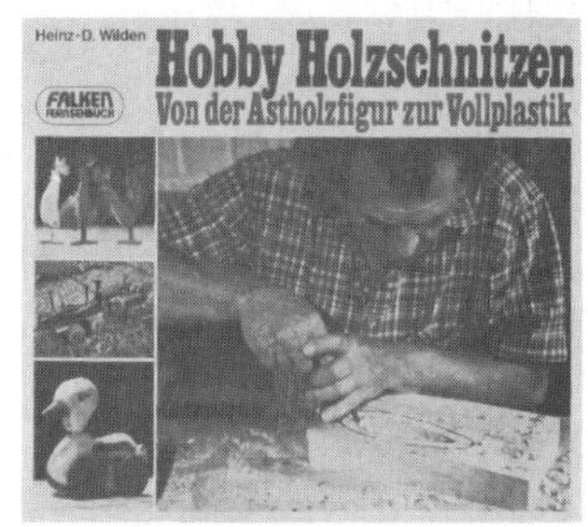

Das neue Hundebuch
(0009) Von W. Busack, überarbeitet von Dr. med. vet. A. Hacker, 104 S., zahlreiche Abb. auf Kunstdrucktafeln, kart., DM 6,80

Mietrecht
Leitfaden für Mieter und Vermieter
(0479) Von Johannes Beuthner, 196 S., kart., DM 12,80

Scheidung und Unterhalt
nach dem neuen Eherecht
(0403) Von Rechtsanwalt H.T. Drewes, 104 S., mit Karten und Unterhaltstab., kart., DM 7,80

Der neue Briefsteller
(0060) Von I. Wolter-Rosendorf, 112 S., kart., DM 5,80

Die erfolgreiche Bewerbung
(0173) Von W. Manekeller, 152 S., kart., DM 8,80

Verse fürs Poesiealbum
(0241) Von Irmgard Wolter, 96 S., 20 Abb., kart., DM 4,80

Knobeleien und Denksport
(2019) Von Klas Rechberger, 142 S., viele Zeichnungen, kart., DM 7,80

Heimwerker-Handbuch
Basteln und Bauen mit elektrischen Heimwerkzeugen
(0243) Von Bernd Käsch, 204 S., 229 Fotos und Zeichnungen, kart., DM 9,80

Großes Rätsel-ABC
(0246) Von H. Schiefelbein, 416 S., gbd. DM 16,80

Stricken, häkeln, loopen
(0205) Von Dr. Marianne Stradal, 96 S., 100 Abb., kart., DM 5,80

Tennis
Technik – Taktik – Regeln
(0375) Von Harald Elschenbroich, 112 S., 81 Abb., kart., DM 6,80

Wie soll es heißen?
(0211) Von Dr. Köhr, 88 S., kart., DM 5,80

Beliebte und neue
Kegelspiele
(0271) Von Georg Bocsai, 92 S., 62 Abb., kart., DM 4,80

Vorbereitung auf die Geburt
Schwangerschaftsgymnastik, Atmung, Rückbildungsgymnastik
(0251) Von Sabine Buchholz, 112 S., 98 Fotos, kart., DM 6,80

Spaß am Laufen
Jogging für die Gesundheit
(0470) Von Werner Sonntag, 120 S., 36 Abb., kart., DM 6,80

Glückwünsche, Toasts und Festreden zur Hochzeit
(0264) Von Irmgard Wolter, 88 S., kart., DM 4,80

Spielend Schach lernen
(2002) Von Theo Schuster, 128 S., kart., DM 6,80

Spiele für Kleinkinder
(2011) Von Dieter Kellermann, 80 S., kart., DM 5,80

Selbst tapezieren und streichen
(0289) Von Dieter Heitmann und Jürgen Geithmann, 116 S., 67 Abb., kart., DM 6,80

Von der Verlobung zur Goldenen Hochzeit
Vorbereitung – Festgestaltung – Glückwünsche
(0393) Von Elisabeth Ruge, 120 S., kart., DM 6,80

Bruce Lees Kampfstil 2
Selbstverteidigungs-Techniken
(0486) Von Bruce Lee, M. Uyehara, 128 S., 310 Fotos, kart., DM 9,80

Pilze
erkennen und benennen
(0380) Von J. Raithelhuber, 136 S., 106 Farbfotos, kart., DM 9,80

Falken-Handbuch Pilze
Mit über 250 Farbfotos und Rezepten
(4061) Von Martin Knoop, 276 S., 250 Farbfotos, 28 Zeichnungen, gbd. DM 36,–

Ziervögel
in Haus und Voliere
Arten · Verhalten · Pflege
(0377) Von Horst Bielfeld, 144 S., 32 Farbfotos, kart., DM 9,80

Beeren und Waldfrüchte
erkennen und benennen – eßbar oder giftig?
(0401) Von J. Raithelhuber, 136 S., 90 Farbfotos, 40 s/w, kart., DM 16,80

Arzneikräuter und Wildgemüse
erkennen und benennen
(0459) Von J. Raithelhuber, 140 S., 108 Farbfotos, kart., DM 12,80

Tee für Genießer
(0356) Von Marianne Nicolin, 64 S., 4 Farbtafeln, kart., DM 5,80

Fred Metzlers
Witze mit Pfiff
(0368) 120 S., Taschenbuchformat, kart., DM 5,80

Selbst Brotbacken
mit über 50 erprobten Rezepten
(0370) Von Jens Schiermann, 80 S., mit 6 Zeichnungen und 4 Farbtafeln, kart., DM 6,80

Kalorien · Joule
Eiweiß · Fett · Kohlenhydrate
tabellarisch nach gebräuchlichen Mengen
(0374) Von Marianne Bormio, 88 S., kart., DM 4,80

Zimmerpflanzen
(5010) Von Inge Manz, 64 S., 98 Farbabb., Pbd. DM 9,80

Die 12 Sternzeichen
Charakter, Liebe und Schicksal
(0385) Von Georg Haddenbach, 160 S., gbd., DM 9,80

Möbel aufarbeiten, reparieren und pflegen
(0386) Von E. Schnaus-Lorey, 96 S., 104 Fotos und Zeichnungen, kart., DM 6,80

Selbst Wahrsagen mit Karten
Die Zukunft in Liebe, Beruf und Finanzen
(0404) Von Rhena Koch, 112 S., viele Abb., Pbd., DM 9,80

Einkochen
nach allen Regeln der Kunst
(0405) Von Birgit Müller, 96 S., 8 Farbtafeln, kart., DM 6,80

Die besten
Tierwitze
(0496) Herausgegeben von Peter Hartlaub und Silvia Pappe, 112 S., 25 Zeichnungen, kart., DM 5,80

Tauchen
Grundlagen – Training – Praxis
(0267) Von W. Freihen, 144 S., 71 Fotos und Farbtafeln, kart., DM 9,80

Moderne Schmalfilmpraxis
Ausrüstungen · Drehbuch · Aufnahme Schnitt · Vertonung
(4043) Von Uwe Ney, 328 S., mit über 200 Abb., teils vierfarbig, gbd., DM 29,80

Windsurfing
Handbuch für Grundstein und Praxis
(5028) Von Calle Schmidt, 64 S., über 50 Abb., durchgehend vierfarbig, Pbd., DM 9,80

Reiten
Vom ersten Schritt zum Reiterglück
(5033) Von Herta F. Kraupa-Tuskany, 64 S., mit vielen Zeichnungen und Farbabb., Pbd., DM 9,80

Die Selbermachers
renovieren ihre Wohnung
(5013) Von Wilfried Köhnemann, 148 S., 374 Farbabb., Zeichnungen und Fotos, kart., DM 14,80

Bauernmalerei
leicht gemacht
(5039) Von Senta Ramos, 64 S., 78 vierfarbige Abb., Pbd., DM 9,80

Großes Getränkebuch
Wein · Sekt · Bier und Spirituosen aus aller Welt, pur und gemixt
(4039) Von Claus Arius, 288 S., mit Register, 179 teils großformatige Farbfotos, Schuber, gbd., DM 58,–

Die besten
Ostfriesenwitze
(0495) Herausgegeben von Onno Freese, 112 S., 17 Zeichnungen, kart., DM 5,80

Moderne Fotopraxis
Bildgestaltung · Aufnahmepraxis · Kameratechnik · Fotolexikon
(4030) Von Wolfgang Freihen, 304 S., mit 244 Abb., davon 50 vierfarbig, Balacron mit vierfarbigem Schutzumschlag, abwaschbare Polyleinprägung, DM 29,80

Falken-Handbuch spielen
drinnen und draußen, für jung und alt
(4034) Von Heinz Görz, 430 S., mit 370 farbigen Zeichnungen, gbd., DM 36,–

CB-Code
Wörterbuch und Technik
(0435) Von Richard Kerler, 120 S., mit technischen Abb., kart., DM 7,80

Münzen
Ein Brevier für Sammler
(0353) Von Erhard Dehnke, 128 S., 30 Abb. – teils farbig –, kart., DM 9,80

Naive Malerei
leicht gemacht
(5083) Von Felizitas Krettek, 64 S., 76 Farbfotos, Pbd., DM 9,80

Balkons in Blütenpracht
zu allen Jahreszeiten
(5047) Von Nikolaus Uhl, 64 S.,
82 vierfarbige Abb., Pbd., DM 9,80

Grillen
drinnen und draußen
(4047) Von Claus Arius, 152 S.,
30 Farbtafeln in flexiblen Karton,
gbd., DM 12,80

Moderne Korrespondenz
(4014) Von H. Kirst und W. Manekeller,
570 S., gbd., DM 39,–

Die hier vorgestellten Bücher sind nur eine Auswahl aus unserem großen Ratgeber- und Sachbuchprogramm.
Bitte fordern Sie unser kostenloses Gesamtverzeichnis an.

Falken-Verlag GmbH · Postfach 1120
D-6272 Niedernhausen/Ts.

Die Frau als Hausärztin
(4072) Von Dr. med. Anna Fischer-Dückelmann, 808 S., 16 Farbtafeln,
174 Fotos, 238 Zeichnungen, DM 58,–

Kalte Platten
(4064) Von Maître Pierre Pfister,
240 S., 135 großformatige Fotos,
gbd., DM 48,–

Judo
Grundlagen-Methodik
(0305) Von Mahito Ohgo, 204 S.,
mit 1025 Fotos, kart., DM 14,80

Sportfischen
Fische – Geräte – Technik
(0324) Von Helmut Oppel, 144 S.,
mit 49 Fotos, Abb., und 8 Farbtafeln,
kart., DM 9,80

Katzen
Rassen · Haltung · Pflege
(4216) Von Brigitte Eilert-Overbeck,
96 S., 82 großformatige Fotos,
Pbd., DM 19,80

Das Aquarium
Einrichtung, Pflege und Fische für
Süß- und Meerwasser
(4029) Von Hans J. Mayland, 334 S.,
mit über 415 Farbabb. und Farbtafeln
sowie 150 Zeichnungen und Skizzen,
gbd., DM 36,–

Hunde-Ausbildung
Verhalten – Gehorsam – Abrichtung
(0346) Von Prof. Dr. R. Menzel,
96 S., 18 Fotos, kart., DM 7,80

Faszinierende Formen und Farben
Kakteen
(4211) Von Katharina und Franz Schild,
96 S., 127 großformatige Farbfotos,
Pbd., DM 19,80

Astrologie
Charakterkunde – Schicksal, Liebe
und Beruf – Berechnung und
Deutung von Horoskopen-
Aszendenttabelle
(4068) Von B. A. Mertz, mit einem
Geleitwort von Hildegard Knef, 342 S.,
mit erläuternden Grafiken,
gbd., DM 29,80

Das farbige Kinderlexikon
von A–Z
(4059) Herausgegeben von
Felicitas Buttig, 392 S., 386 farbige
Abb., Pbd., DM 29,80